Offizielles Lösungsbuch
Still 2 Life

Impressum:

Projektmanagement:
Carsten Höh

Redaktion:
Felix Buschbaum
(www.buschbaum-media.com)
Carsten Höh
(www.game-service.de)

Autor:
Carsten Höh

Lektorat:
Petra Zacharias

Layout:
Cynthia Grieff
(www.taifun-design.com)

Wir bedanken uns für die freundliche Unterstützung bei:
Andrè Franzmann (rondomedia)
Christian Winkler (rondomedia)
Roch Roustan (Microïds)
Abrial da Costa (Microïds)
Eric Connille (Microïds)

www.game-service.de
www.stilllife2.de
www.stilllife-game.com

microïds

GAMECO STUDIOS

rondomedia

Rechtliche Hinweise:

Gesonderte Angaben zur Druckversion dieses Buches:
Herstellung und Verlag: Books on Demand GmbH, Norderstedt

ISBN: 9783837055689

Bibliografische Informationen der Deutschen Nationalbibliothek: Die Deutsche Nationalbibliothek verzeichnet diese Publikation in der Deutschen Nationalbibliografie. Detaillierte bibliografische Daten sind im Internet unter http://dnb.d-nb.de abrufbar.

Still 2 Life

INHALT

Das Grauen geht weiter

Oktober 2008: Nachdem die FBI-Agentin und Profilerin Victoria McPherson vor einigen Jahren in Chicago bereits erfolgreich einem der grausamsten Serienmörder der Geschichte das Handwerk legen konnte, verfolgt sie nun schon seit Monaten den so genannten Ostküsten-Killer. Sein letztes Opfer wurde gerade erst entdeckt. Im Jahre 2006 tauchte der Killer erstmals auf und brachte auf grausame Weise ein Dutzend Menschen um, ohne dabei auch nur eine einzige Spur zu hinterlassen. Jetzt ist er wieder da und setzt sein mörderisches Spiel fort.

Nicht nur ihr Chef, sondern auch die Presse setzt Victoria unter Druck. Da sich der Killer immer wieder mit Nachrichten bei der Journalistin Paloma Hernandez meldet, bombardiert diese Victoria jeden Tag aufs Neue mit Anfragen zum Stand der Ermittlungen. Eines Tages erhält Paloma wichtige Informationen über den Killer und ist bereit, diese an Victoria weiterzugeben. Bevor sich die beiden treffen können, wendet sich das Blatt. Der Ostküsten-Killer überfällt die hübsche Journalistin in ihrem Motel-Zimmer und verschleppt sie in eine abgelegene Waldhütte. Paloma wird vom Jäger zur Gejagten –

in der Gewalt des Killers steht nun ihr eigenes Leben auf dem Spiel! Ob Victoria die aufreizende Journalistin aus den Klauen des Killers befreien und diesen zur Strecke bringen wird, bevor er Paloma mit seinen Folterwerkzeugen zum nächsten Opfer seines perfiden Spiels macht? Das liegt ganz bei dir!

In *Still Life 2* schlüpfst du abwechselnd in die Rollen der beiden Protagonistinnen Victoria McPherson und Paloma Hernandez. Während Victoria versucht Beweisstücke zu sammeln und diese zu analysieren, um dem Killer auf die Spur zu kommen und herauszufinden, wo dieser die hübsche Journalistin gefangen hält, steht Paloma ein Kampf ums nackte Überleben bevor!

Victoria steht vor einem der dunkelsten Fälle der amerikanischen Geschichte. Je mehr sie über den Killer herausfindet, desto größer ist die Chance, Paloma lebend aus den Händen des Ostküsten-Killers zu befreien. Und vielleicht wird sie während ihrer Suche nach dem Killer ja auch noch herausfinden, wer hinter der Maske des mysteriösen Mr. X steckt, den sie in ihrem vorigen Abenteuer zwar stellen konnte, aber dessen Leiche nie gefunden wurde!

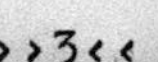

Was bisher geschah...

Zu Beginn des Abenteuers kannst du anhand einer eindrucksvollen Zwischensequenz noch einmal beobachten, was bisher geschah. Die Rückblende beginnt genau an der Stelle, an der die FBI-Agentin Victoria McPherson den maskierten Killer aus *Still Life* endlich mit einem gezielten Schuss zu Fall bringt und seinem Treiben so ein Ende setzt!

Aber ist es damit wirklich zu Ende? War das alles nur ein Traum? Nein! Die Gräueltaten in Chicago sind wirklich geschehen und verfolgen Victoria seitdem Nacht für Nacht in ihren Träumen. Und jetzt erwacht sie aus einem dieser Albträume und findet sich in ihrem Hotelzimmer in Los Angeles wieder.

Genau wie im ersten Teil des Abenteuers wirst du auch im Verlauf von *Still Life 2* immer wieder Zeitsprünge vollziehen. Während sich der Haupthandlungsstrang über den Oktober des Jahres 2008 erstreckt, in dem die FBI-Agentin versucht, der Spur des Ostküsten-Killers zu folgen, schweifen ihre Gedanken zwischenzeitlich immer wieder in die Vergangenheit ab. Deine Aufgabe besteht dabei jeweils darin, die Spuren der Vergangenheit noch einmal genauer zu untersuchen und dabei zu versuchen, eventuelle Parallelen zum aktuellen Fall aufzudecken. Nur so wirst du sowohl die wahre Identität des maskierten Killers aus *Still Life* als auch die des Ostküsten-Killers aus *Still Life 2* zu Tage bringen!

Victorias Hotelzimmer

Victoria wird von ihrer alten Freundin, der Gerichtsmedizinerin Claire, aus dem Schlaf gerissen. Rede mit Claire über das letzte Mordopfer, FBI-Neuigkeiten, den Stand der Untersuchungen und Vics Freund Richard. Obwohl Vic den Job beim FBI gerade erst geschmissen hat, erklärt sich Claire am Ende des Gespräches dazu bereit, Vic den Zugangscode zur FBI-Datenbank per SMS zuzusenden, um ihrer Freundin bei den Recherchen im L.A.-Fall so ein wenig unter die Arme zu greifen.

Nachdem Vic aufgelegt hat, ist es an der Zeit, sich ein wenig in ihrem Hotelzimmer umzusehen und sich die überall verstreut herumliegenden Akten zu den Mordfällen noch einmal genauer anzuschauen.

Nimm zunächst einmal das *Bett* etwas genauer unter die Lupe. Nachdem sich Vic hingesetzt hat, schaust du dir (von rechts nach links gesehen) der Reihe nach den *Zeitungsausschnitt vom 19. März 1956*, die *Broschüre der Ackermann-Ausstellung* in Chicago, den *Zeitungsausschnitt vom 22. März 1956* und die Akte mit der *Zusammenfassung der Morde in L.A.* an. Zur besseren Übersicht speichert Vic die gesammelten Informationen dabei automatisch in ihrem Smartphone, sodass du dir diese später bei Bedarf jederzeit erneut anschauen und sie analysieren kannst.

Victorias Smartphone

Das Smartphone stellt den Dreh- und Angelpunkt von Victorias Ermittlungen dar. Hier werden alle wichtigen Informationen und Beweismittel archiviert. Im Bereich Dokumente werden Bilder, Tonaufzeichnungen und Fotos gesichert, während du im Menü Einsatzziele ablesen kannst, welche Aufgaben du bereits erfüllt hast bzw. was es noch zu erledigen gilt. Unter dem Punkt Nachrichten & Kontakte kannst du nicht nur frisch erhaltene SMS lesen und Sprachnachrichten abhören, sondern später bei Bedarf auch Anrufe tätigen, um so z.B. deine Freundin Claire anzurufen und sie zu bitten, dir bei der einen oder anderen Angelegenheit behilflich zu sein oder ein paar Recherchen für dich zu erledigen.

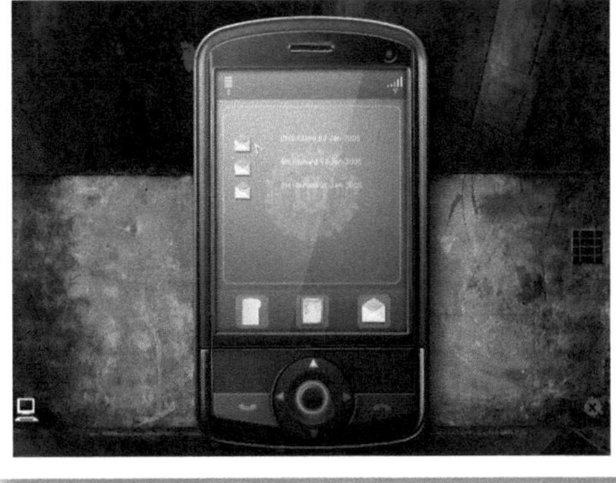

Nachdem du dir die auf dem Bett verstreuten Unterlagen angeschaut hast, stehst du wieder auf. Auf deinem Smartphone sollte nun eine SMS von Claire eintreffen. Öffne per Rechtsklick dein Inventar, wähle das Smartphone aus, begib dich ins „Nachrichten & Kontakte"-Menü und öffne die darin gespeicherte *SMS Claire 02-Jan-2005*, der du nun den Zugangscode zur FBI-Datenbank entnehmen kannst: *96Ha)7Mn*.

Hör dir in deinem Smartphone nun noch die beiden Anrufbeantworternachrichten von Vics Freund Richard an und wende dich anschließend der links neben dem Bett gelegenen Seite des Zimmers zu. Auf dem Boden liegen Bilder der Opfer des Serienkillers Ackermann verstreut. Nachdem du dir die beiden Bilder angeschaut hast, wendest du dich der links daneben befindlichen Kommode zu und verstaust den darauf herumliegenden **Transformator mit Kabel** in deinem Inventar.

So ausgerüstet begibst du dich zum nahegelegenen Schreibtisch und betrachtest das *Foto der Maske* des Chicago-Killers. Wenn du Victorias Laptop etwas genauer unter die Lupe nimmst, stellst du fest, dass der Akku fast leer ist. Öffne also per Rechtsklick dein Inventar, greif dir den darin verstauten **Transformator mit Kabel**, schließ das Inventarfenster mit einem erneuten Rechtsklick und schließ den Transformator anschließend an der links neben dem Schreibtisch gelegenen *Steckdose* an.

Nachdem du dein Laptop mit Strom versorgt hast, setzt du dich an den Computer und führst eine *Internetsuche* nach den folgenden Begriffen durch: *Labyrinth-Stiftung, Herbert Ackermann, Beatrice Allen, Emile Zarkovic* und *Mark Ackermann*.

Verwertbare Informationen und Beweismittel

Im Menü des Computers tauchen bei der Internetsuche und anderen Optionen lediglich die Begriffe auf, die du zuvor anhand deiner Untersuchungen bereits ermittelt und im PDA gespeichert hast. Genau wie bei allen anderen Informationen erscheint z. B. das Kennwort für den Zugriff auf die FBI-Datenbank erst im dazugehörigen Menü, nachdem du die entsprechende SMS von Claire auch wirklich gelesen hast!

Kehre anschließend ins Hauptmenü zurück und wende dich der *FBI-Datenbank-Suche* zu. Bevor dir der Zugriff auf die Datenbank gewährt wird, musst du das von Claire per SMS erhaltene Kennwort eingeben: *96Ha)7Mn*. Ist dies erledigt, durchstöberst du die FBI-Datenbank nach den folgenden Personen: *Harold Perrin, Mark Ackermann* und *Henry Allen*. Nachdem du den letzten Suchbegriff eingegeben hast, macht Vic eine entsetzliche Entdeckung: Der Enkel der Freundin des Serienkillers Mark Ackermann heißt Richard – genau wie Vics Freund. Ob Richard etwas mit den Morden zu tun hat? Oder ist er vielleicht selbst der Mörder?

Palomas Entführung & in der Höhle des Mörders (2008)

Palomas Entführung

Die Szene wechselt zum aktuellen Zeitpunkt – der 22. Oktober 2008. In einer Zwischensequenz kannst du beobachten, wie Vic im Fernsehen die Berichterstattungen zum Ostküsten-Killer verfolgt. Die Reporterin Paloma Hernandez kann es nicht lassen, ständig unterschwellige Spitzen gegen Vic und das zähe Vorankommen ihrer Ermittlungen loszulassen. Kurz nachdem Vic den Fernseher wütend ausgeschaltet hat, klingelt auch schon das Telefon. Paloma bietet Vic an, sich mit ihr in ihrem Motelzimmer zu treffen. Offenbar hat Paloma einen Informanten ausgemacht, der ihr neue Hinweise zum Killer übergeben hat, über die sie sich nun gerne mit Vic austauschen würde. Doch bereits kurz nachdem das Gespräch beendet ist, klopft es bei Paloma an der Tür ... der Ostküsten-Killer ist gekommen, um sich sein nächstes Opfer zu holen!

Für Paloma beginnt nun der Kampf ums nackte Überleben. Fürs Erste hat sie jedoch keine Chance – der Ostküsten-Killer betäubt die hübsche Journalistin und verschleppt sie in sein abgelegenes Anwesen inmitten des Waldes!

In der Höhle des Mörders

Als Paloma am nächsten Tag wieder zu sich kommt, findet sie sich in einem unbekannten Zimmer wieder – dem so genannten „Zimmer der Braut des Todes". Der Killer steht mit seiner Videokamera in der Tür und filmt seine neue „Spielgefährtin" – genauso, wie er es auch mit seinen bisherigen Opfern gemacht hat!

Palomas erstes Gespräch mit dem Killer

Von nun an schlüpfst du in die Rolle der hübschen Reporterin, wobei du zunächst allerdings nicht viel mehr tun kannst, als dich mit dem Killer der Reihe nach über die folgenden Themen zu unterhalten: *Paloma befreien, Zimmer der Braut des Todes, Die Absichten des Mörders* und *Mysteriöser Informant*. Wie du erfährst, handelt es sich bei Palomas mysteriösem Informanten um einen FBI-Agenten namens Hawker. Da der Killer plant, alle Menschen aus dem Verkehr zu ziehen, die ihm gefährlich werden könnten, wird Hawker vermutlich sein nächstes Opfer sein!

Die Flucht aus dem Zimmer der Braut des Todes

Nachdem das Gespräch beendet ist, verlässt der maskierte Ostküsten-Killer den Raum und verriegelt die Tür. Für dich ist es nun an der Zeit, dich ein wenig im Zimmer umzuschauen und nach einem Fluchtweg zu suchen.

Auf dem Bett liegt eine große Matratze, die du vorerst aber besser an Ort und Stelle liegen lassen solltest. Da die Matratze sehr groß und sperrig ist, würde sie dein komplettes Inventar ausfüllen, sodass du dann keine weiteren Gegenstände mehr an dich nehmen könntest. Wende dich anstatt dessen dem rechts vom Bett gelegenen Schreibtisch zu und wirf einen Blick in den darauf befindlichen *Spiegel*. Wie du feststellst, hat der Killer Paloma ein elektronisches Halsband angelegt, das sich momentan aber beim besten Willen weder öffnen noch auf andere Weise entfernen lässt. Was es mit dem Halsband auf sich hat, wirst du in wenigen Augenblicken erfahren!

Wirf einen Blick auf die oberhalb des Schreibtisches in der Ecke der Zimmerdecke montierte *Überwachungskamera* und öffne anschließend die *Schreibtischschublade*, in der du eine *Nagelfeile* findest, die du nun umgehend in deinem Inventar verstauen solltest.

im Zimmer verteilten *Lichtschranken*. Sobald du versuchst durch die Lichtschranken in die andere Hälfte des Zimmers zu laufen, aktivieren diese automatisch dein elektronisches Halsband und du bekommst einen heftigen Stromschlag versetzt. Da sich das Halsband nicht ablegen lässt, solltest du also nun versuchen, einen Weg zu finden, mit dem sich die Lichtschranken deaktivieren lassen.

Da der Weg zur Zimmertür ebenfalls von den Lichtschranken blockiert wird, begibst du dich nun zum links des Bettes gelegenen Fernseher. Wenn du versuchst, den *Fernseher* einzuschalten, stellst du fest, dass dieser momentan keinen Strom bekommt. Das *Stromkabel* steckt zwar fest in der Wand, liefert aber offenbar momentan keinen Saft. Belass das Stromkabel vorerst an Ort und Stelle und schnapp dir anstatt dessen die **Rostige Teleskopantenne** des Fernsehers.

Wenn du an der rechten Wand entlang am Kamin des Zimmers vorbeiläufst, kannst du kurz darauf einen *Schrank* entdecken, der sich wunderbar als Lagerraum für momentan nicht benötigte Gegenstände eignet. Rechts neben dem Schrank findest du eine von drei

Danach wendest du dich der Zimmertür zu, wählst die Antenne im Inventar aus und schließt dieses per Rechtsklick. Mit der ausgezogenen Teleskopantenne in der Hand, kannst du nun den links neben der Tür befindlichen *Lichtschalter* erreichen, ohne dabei mit deinem Halsband durch die Lichtschranken laufen zu müssen und dir einen erneuten Stromschlag als Strafe einzufangen.

Nachdem du das Licht eingeschaltet hast, wird auch die Steckdose, an welcher der *Fernseher* angeschlossen ist, mit Strom versorgt, sodass du nun endlich den darunter befindlichen Videorekorder einschalten und dir die Aufzeichnung des Killers anschauen kannst. Nachdem du dir das Video angeschaut hast, kannst du dir in etwa eine Vorstellung davon machen, was dich erwartet, wenn du es nicht schaffst, dem Killer zu entkommen. Es gilt also, einen Ausweg aus dieser Situation zu finden - koste es, was es wolle!

 Die Videoaufzeichnung und andere optionale Rätsel

Viele der Rätsel von *Still Life 2* sind optionaler Natur und müssen nicht zwangsläufig erledigt werden. Hast du z. B. das Stromkabel des Fernsehers aus der Rückseite des Gerätes gerissen, bevor du mithilfe des Lichtschalters den Strom eingeschaltet hast, ist der Fernseher nun kaputt - du wirst die Videoaufzeichnung des Killers also beim besten Willen nicht mehr zu sehen bekommen! Das Spiel lässt sich danach zwar trotzdem noch lösen, aber wenn du optionale Rätsel vermasselst oder einfach gar nicht erst erfüllst, entgehen dir somit auch allerhand nützliche und teilweise sogar extrem hilfreiche Informationen. Bedenke immer: Je mehr du über den Killer herausfindest, desto größer sind deine Chancen, lebend aus der Sache herauszukommen!

Wenn du dir den unteren Teil der hinter dem Fernseher aufgestellten *Lichtschranke* etwas genauer anschaust, stellst du fest, dass die darin befindliche Elektronik hinter einer kleinen *Metallplatte* verbaut zu sein scheint. Nach genauerer Betrachtung der Platte kannst du erkennen, dass diese lediglich mit Schrauben befestigt wurde. Na, das sollte doch zu schaffen sein! Schnapp dir die Nagelfeile aus deinem Inventar und entferne mit dieser nacheinander alle vier *Schrauben* - jetzt lässt sich die *Metallplatte* ohne Probleme entfernen.

Nachdem du die Metallplatte entfernt und dir die *Elektronik der Lichtschranke* etwas genauer angeschaut hast, rupfst du das *Stromkabel* des Fernsehers aus dessen Rückwand und steckst dieses kurzerhand in die *Schalttafel* der aufgeschraubten Lichtschranke. Da der Strom im Zimmer ja mittlerweile eingeschaltet sein sollte, gibt es einen heftigen Kurzschluss und die Elektronik der Lichtschranke schmurgelt dahin - jetzt kannst du endlich ungestraft die andere Hälfte des Zimmers erkunden!

Wirf zunächst einen Blick auf die *Zimmertür*. Da diese fest verschlossen ist, gehst du an der Wand entlang auf den kleinen *Ofen* zu. Betrachte den Ofen etwas genauer und öffne dann die *Ofenklappe*. Im Innern findest du einen *Prospekt der Eisenwarenhandlung in Houlton*. Diese Information wird dir bestimmt noch zugutekommen - vorausgesetzt du kommst lebend aus dem Haus heraus und schaffst es, jemanden anzurufen, dem du erzählen kannst, in welcher Region des Landes du vom Killer gefangen gehalten wirst!

Schnapp dir den *Schürhaken*, der hier an der linken Seite des Ofens herumsteht und wende dich anschließend der verrammelten Fensterfront des Zimmers zu. Nachdem du dir das *Hochzeits-*

kleid angeschaut hast, richtest du deinen Blick auf die **Bretter**, mit denen die Fenster vernagelt wurden. Die Konstruktion sieht zwar stabil aus, aber mithilfe des **Schürhakens** lassen sich die **Bretter** im Handumdrehen lösen, sodass du anschließend durch das **Fenster** endlich einen Blick nach draußen werfen kannst.

Da das Zimmer zu hoch gelegen ist, um unbeschadet durch das Fenster in den Hof des Hauses springen zu können, verstaust du zunächst einmal alle in deinem Inventar befindlichen Gegenstände im neben dem Kamin gelegenen Schrank und wendest dich dann wieder deinem Bett zu. Schnapp dir die **Matratze** und wirf diese durch das geöffnete **Fenster** nach draußen. Sobald dies erledigt ist, springst du kurzerhand hinterher – keine Angst, die Matratze dämpft deinen Sturz, sodass du sicher neben der Veranda an der Vordertür des Hauses landest!

Der Vorhof des Hauses

Im Vorhof des Hauses angelangt, solltest du dich zunächst einmal ein bisschen umschauen. Wie du sehr schnell feststellen wirst, ist das gesamte Gelände von einem großen Zaun umsäumt. Falls du dachtest, du könntest jetzt einfach so davonlaufen, hast du dich also geirrt!

Da durch die Fenster auf der Veranda nichts Interessantes zu entdecken, die Eingangstür des Hauses verriegelt ist und du dem Killer jetzt auch bestimmt nicht direkt in die Arme laufen möchtest, wendest du dich nicht dem Haus, sondern zunächst einmal dem **Auto** zu, das hier gegenüber dem Hauseingang vor der Einfahrt des Grundstücks herumsteht.

Rennen ... nicht laufen

Wenn dir Paloma (bzw. später auch wieder Victoria) zu langsam durch die Gegend spaziert, kannst du mit einem Doppelklick auf das gewünschte Ziel dafür sorgen, dass die Dame auf der Stelle lospurtet, anstatt gemächlich dorthin zu schreiten. Das spart nicht nur Zeit, sondern auch Nerven. Später wirst du aber auch einige Aufgaben unter Zeitdruck lösen müssen – spätestens dann wird es überlebenswichtig, die Damen kräftig in Trab zu versetzen!

Auf der **Ladefläche des Pick-ups** findest du eine verschlossene **Kiste**, die sich aber ohne Schlüssel bzw. passendes Werkzeug nicht öffnen lässt. Wirf nun noch einen Blick durch das **Fenster des Pick-ups**. Im Innern des Fahrzeugs kann Paloma ihr Handy erkennen – damit ließe sich doch bestimmt Hilfe herbeirufen! Versuch also umgehend die **Tür des Pick-ups** zu öffnen ... aaargh ... die Tür des Wagens ist natürlich ebenfalls verschlossen.

Da du am Fahrzeug momentan nicht weiterkommst, wendest du dich nun dem **Tor der Einfahrt** zu. Versuchst du dieses zu öffnen, musst du mit Entsetzen feststellen, dass das Tor (genau wie der restliche Zaun des Grundstücks) unter Strom steht. Hier kommst du also nicht ohne Weiteres heraus!

Mach also wieder kehrt und geh zurück zum Eingangbereich des Hauses. Wenn du dem links vom Haus gelegenen Weg in Richtung des Hinterhofes folgst, kannst du auf der linken Seite des Weges einen kleinen Holzschuppen erkennen. Das *Tor zum Hinterhof* steht ebenfalls unter Strom, weshalb du dich diesem besser nicht nähern solltest!

Direkt vor dem Holzschuppen liegt eine hölzerne *Eisenbahnschwelle* herum, die du dir nun etwas genauer anschauen solltest – du kannst darauf die Buchstaben „B.A.R." erkennen. Schnapp dir nun den *Holzbalken* aus dem Holzverschlag und mach dich mit diesem im Gepäck auf den Rückweg zum Pick-up.

Mithilfe des *Holzbalkens* schlägst du nun das *Fenster des Pick-ups* ein (funktioniert alternativ auch mit dem Schürhaken) und wirfst danach einen erneuten Blick ins Innere des Fahrzeugs. Greif dir Palomas *Entladenes Mobiltelefon* und schnapp dir dann den *Kleinen Schlüssel*, der hier direkt unter dem Fahrersitz herumliegt. Mit dem Schlüssel im Gepäck wendest du dich wieder der *Ladefläche des Pick-ups* zu und entriegelst die *Kiste*. Im Innern betrachtest du zunächst die *Belege aus der Tankstelle in Saint George (Quebec)* sowie *Palomas Handtasche* und schnappst dir dann das *Ladegerät und Diktafon* für Palomas Handy.

Palomas Mobiltelefon

Da du das Grundstück nun ausgiebig durchsucht und keinen Fluchtweg gefunden hast, bleibt dir nur noch eins: Du musst einen Weg finden, Palomas Handy wieder in Schuss zu bringen, um so nach Hilfe rufen zu können. Der Zaun steht zwar unter Strom, doch an diesem lässt sich das Ladegerät natürlich nicht anschließen. Aber Moment ... gab es im Zimmer der Braut des Todes nicht auch eine Steckdose? Genau! Also los, worauf wartest du noch!?

Wenn du zurück zu der Stelle gehst, an der du aus dem Fenster gesprungen warst, stellst du fest, dass das Fenster natürlich viel zu hoch gelegen ist, um es von hier unten aus zu erreichen. Ein Regenrohr, an dem man nach oben klettern könnte, ist auch nicht zu sehen und die Vordertür des Hauses ist fest verschlossen. Da du gerade schon einmal hier bist, solltest du zunächst einmal etwas Platz in deinem Inventar schaffen und alle darin befindlichen Objekte in der neben der Treppe zur Veranda herumstehenden *Kiste* verstauen.

Nachdem dies erledigt ist, machst du dich erneut auf den Weg zur linken Seite des Hauses und schnappst dir die *Leiter*, die hier vor dem Holzschuppen herumliegt. Mit der Leiter im Gepäck gehts wieder zurück zur Matratze. Dort angekommen nimmst du die *Leiter* aus deinem Inventar und lehnst diese an das über dir gelegene *Fenster*.

Sobald du die Leiter aufgestellt und so wieder Platz in deinem Inventar geschaffen hast, holst du Palomas Mobiltelefon und das dazugehörige Ladegerät und Diktafon wieder aus der Kiste und kletterst danach durch das *Fenster* zurück ins Zimmer der Braut des Todes.

Oben angelangt begibst du dich zur Zimmertür, wo du direkt unterhalb des Lichtschalters eine Steckdose erkennen kannst. Öffne dein Inventar, wähle das *Ladegerät und Diktafon* aus und klick dann auf die *Entfernen-Schaltfläche*, um die beiden Gegenstände voneinander zu trennen.

Palomas Stimmrekorder
Nachdem du das Diktiergerät vom Ladeteil getrennt hast, wandert dieses nicht zurück ins normale Inventar, sondern steht dir fortan (genau wie Victorias Smartphone) als übersichtliches Hilfsmittel beim Sammeln und Speichern von Informationen zur Verfügung. Davon abgesehen kannst du über den „Stimmrekorder" auch eine Übersicht deiner bereits erledigten bzw. noch zu absolvierenden Aufgaben aufrufen.

Wähle nun das *Ladegerät* in deinem Inventar aus, klick damit auf die *Kombinieren-Schaltfläche* und dann auf das *Entladene Mobiltelefon*, um das Ladegerät an das Handy anzuschließen. Ist dies erledigt, nimmst du das **Mobiltelefon und Ladegerät** und schließt dieses an die neben der Zimmertür befindlichen *Steckdose* an.

Palomas Hilferuf

Nachdem du das Mobiltelefon mit Strom versorgt hast, ruft Paloma automatisch bei Victoria McPherson an, um die FBI-Agentin um Hilfe zu bitten. Während Paloma ihre ausweglose Lage schildert, hört sie auch schon den Killer die Treppe hinaufkommen. Es bleiben ihr also nur noch wenige Sekunden, um Victoria möglichst gute Anhaltspunkte über den möglichen Standort des Hauses im Wald zu vermitteln!

Je nachdem was du bisher über den Killer herausgefunden hast, stehen dir nun unterschiedlich viele Gesprächsoptionen zur Auswahl. Da die Zeit aber nur für maximal drei dieser Gesprächsoptionen ausreicht, solltest du dir genau überlegen, was du Vic erzählen willst – je besser die Anhaltspunkte, desto größer ist die Chance, dass Vic mit der Polizei anrücken kann, bevor Palomas letzte Stunde geschlagen hat. Dass Paloma in einem Haus im Wald gefangen gehalten wird, hat sie bereits zu Anfang des Gespräches erwähnt, weshalb du darauf nicht erneut eingehen, sondern dich besser auf wirklich wichtige Informationen beschränken solltest!

Die besten Gesprächsoptionen lauten wie folgt:
1. *Prospekt* (aus dem Ofen)
2. *Tankstellenrechnung* (aus der Kiste auf dem Pick-up)
3. *Eisenbahnschwelle* (neben dem Holzschuppen links des Hauses)

Wichtige Hinweise für die Ermittlungen

Wenn du nicht alle drei wichtigen Hinweise zum Killer und seinem Haus im Wald gefunden hast, wird das FBI den Ort im weiteren Spielverlauf zwar ebenfalls ausfindig machen, aber Vic fehlen dann später wichtige Informationen, die ihr bei der Überführung des Killers und dem Versuch Paloma zu retten helfen könnten!

Nachdem Paloma den dritten Hinweis geliefert hat, öffnet sich auch schon die Tür. Der Killer schlägt die erschrockene Reporterin nieder!

Vics Ankunft in Palomas Motel

Am Tag nach Paloma Hernandez' Entführung trifft das FBI im Motel der Reporterin ein, um dort mit den Ermittlungen und der Suche nach Spuren und Hinweisen zum Tathergang und dem Killer zu beginnen. Von nun an schlüpfst du wieder in die Rolle von Vic.

Lies dir in deinem Smartphone zunächst einmal die soeben erhaltene **SMS von Claire (23. Okt. 2008)** durch und unterhalte dich dann mit deinem Kollegen **Garris**, der nicht nur als absoluter Elektronikexperte des FBI gilt, sondern dir vor allem auch wichtige Hinweise zum aktuellen Stand der Ermittlungen geben kann. Nachdem du mit Garris über den **Ostküsten-Killer** und die **Zimmerdurchsuchung** geredet hast, überreicht er dir dein **CSIA-Kit** (Crime Scene Investigation and Analysis Kit) – ein Koffer voll mit nützlichen Werkzeugen zur Spurensicherung und Analyse, der sich direkt mit deinem Smartphone koppeln lässt, um so gefundene Informationen gegebenenfalls an Kollegen wie Claire weiterleiten oder sie mit der Datenbank des FBI abgleichen zu können.

Das CSIA-Kit

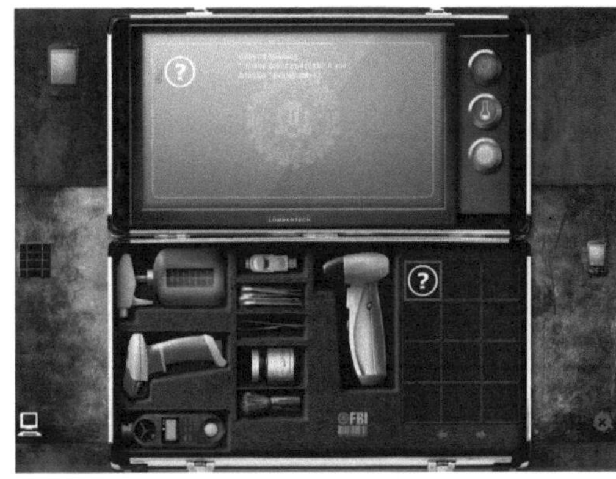

Nachdem du das CSIA-Kit erhalten hast, kannst du über dein Inventar jederzeit auf diesen Koffer zugreifen. Mit einem Klick auf das Fragezeichensymbol im Beweismittelfach des Test-Kits kannst du jederzeit eine Anleitung für die darin enthaltenen Gerätschaften abrufen. Zur besseren Übersicht hier eine kleine Übersicht der Testwerkzeuge und deren Sinn und Zweck:

DAS CSIA-KIT	
WERKZEUG	**ANWENDUNGSGEBIET**
Spurensicherungsspray	Unsichtbare Blutspuren sichtbar machen.
3D-Scanner	Gefundene Fingerabdrücke scannen (diese müssen zuvor gegebenenfalls mithilfe des Fingerabdruck-Pulvers sichtbar gemacht werden).
Elektronische Nase	Analyse gasförmiger Substanzen.
Computer-Schlüssel	USB-Stick zum Anschluss an den Computer. Der Stick enthält Werkzeuge zum Knacken von Kennwörtern und zum Dechiffrieren verschlüsselter Daten. Die gefundenen Dateien lassen sich danach auf dem Stick speichern und auf das Smartphone übertragen.
Probentupfer	Aufsammeln von Blutproben und anderen Substanzen.
Probenzange	Aufsammeln von Haaren, Stoffresten und anderen Beweismitteln.
Fingerabdruck-Pulver	Fingerabdrücke sichtbar machen, die mit bloßem Auge nicht zu erkennen sind.
Digitales Mikroskop	Mikroskop, das eine 100-fache Vergrößerung gefundener Beweismittel zulässt.

Eingesammelte Beweismittel werden im Beweismittelfach auf der rechten Seite des CSIA-Kits abgelegt und können dort jederzeit ausgewählt und einer chemischen, Computer- oder Datenbankanalyse unterzogen werden. Die Ergebnisse lassen sich danach bei Bedarf auf das Smartphone übertragen und mit der FBI-Datenbank abgleichen.

Mit diesem Wissen und dem Koffer ausgestattet kann die Spurensuche in Palomas Motelzimmer beginnen.

Spurensuche im Motel

Begib dich zunächst einmal zum links neben dem Bett herumstehenden *Safe* und betrachte diesen etwas genauer. Die Tür steht offen und der Safe ist leer. Viel interessanter als der Safe ist die *Fernbedienung*, die hier rechts neben dem Safe unter dem Bett herumliegt.

Betrachte die Fernbedienung etwas genauer, öffne dein Inventar und wähle aus deinem CSIA-Kit das *Fingerabdruck-Pulver* aus, um mit diesem die auf der *Fernbedienung* befindlichen *Fingerabdrücke* sichtbar zu machen. Nachdem dies erledigt ist, nimmst du deinen *3D-Scanner* zur Hand und scannst damit den *Fingerabdruck auf der Fernbedienung* ein, der nun umgehend in das Beweismittelfach deines CSIA-Kits aufgenommen wird.

Bevor du dich um die Analyse des Fingerabdrucks kümmerst, solltest du dich zunächst auf die Suche nach weiteren Beweismitteln begeben. Wirf einen kurzen Blick auf die *Broschüre des Bishop-Motels*, die hier auf dem Bett herumliegt, und wende dich dann dem rechts des Bettes auf dem *Nachtschränkchen* herumstehenden *Anrufbeantworter* zu. Wenn du den Anrufbeantworter abhörst, erhältst du eine kleine Botschaft vom Killer, der dir auf diesem Wege mitteilt, dass Vic sein nächstes Opfer sein wird. Klick den *Anrufbeantworter* danach ein weiteres Mal an, um die *Stimme des Mörders auf dem Anrufbeantworter des Motels* als Tonaufnahme in deinem Smartphone zu speichern.

Auf dem Boden vor dem Nachtschränkchen kannst du einen **Kaffeefleck und einen Fußabdruck** entdecken. Nimm deinen **3D-Scanner** zur Hand und scanne mit diesem den **Fußabdruck** ein – er wird daraufhin als **Schuhabdruck im Motel** in deinem Beweismittelfach abgelegt.

Begib dich nun zum vor der Badezimmertür gelegenen **Kleiderschrank**. Wenn du versuchst, den darin befindlichen **Koffer** zu öffnen, stellst du fest, dass dieser fest verriegelt ist und sich ohne Werkzeug nicht knacken lässt. Wenn du **Garris** auf den **Verschlossenen Koffer** ansprichst, überreicht dieser dir seinen **Schlossknacker**. Mithilfe dieses Werkzeugs lässt sich der **Koffer** im Handumdrehen knacken – im Innern findest du eine **Mini-DVD**, die du umgehend in deinem Inventar verschwinden lassen solltest.

Mit der DVD im Gepäck begibst du dich wieder zu Garris und betrachtest den links vom Fernseher herumstehenden **Camcorder** etwas genauer. Leg die **Mini-DVD** aus deinem Inventar in den **Camcorder** ein und schau dir Palomas Interview mit ihrem Informanten an – es handelt sich dabei um Vics Ex-Partner James Hawker. Garris erklärt sich daraufhin bereit, ihr Hawkers Akte zu besorgen.

Zu Garris Füßen findest du **Palomas Laptop**. Es ist zwar kaputt, aber mithilfe des **Computer-Schlüssels** aus deinem CSIA-Kit lassen sich noch einige Daten aus dem **Kaputten Laptop** retten – diese werden nun als **Laptop-Computerdatei** in deinem Beweismittelfach gesichert.

Nachdem dies erledigt ist, begibst du dich ins Badezimmer. Betrachte zunächst die **Einschusslöcher** in der Badezimmertür und an der gegenüberliegenden Wand und wende dich dann der Dusche zu.

Schau die den seltsamen **Fleck** in der hinteren Ecke der Dusche etwas genauer an – es sieht so aus, als handele es sich dabei um Spuren von Reinigungsmitteln. Schnapp dir das **Spurensicherungsspray** aus deinem CSIA-Kit und sprüh den Fleck damit ein, um den Fleck als **Spuren von Blut** zu identifizieren. Mithilfe des **Probentupfers** kannst du nun eine Probe der **Blutspuren im Badezimmer des Motels** entnehmen und diese in deinem Beweismittelfach ablegen.

Wende deinen Blick als Nächstes dem oberhalb der Toilette befindlichen **Lüftungsschacht** zu und entnimm diesem mithilfe der **Elektronischen Nase** eine Gasprobe der **Substanzspuren im Badezimmer des Motels,** die danach ebenfalls im Beweismittelfach deines CSIA-Kits archiviert wird.

Beim Verlassen des Badezimmers solltest du dir den rechten Türrahmen noch einmal etwas genauer anschauen. Bei genauerer Betrachtung kannst du dort ein paar **Fasern** erkennen. Schnapp dir die **Probenzange** aus deinem Test-Kit und befördere damit die **Fasern aus dem Badezimmer des Motels** in das Beweismittelfach.

Nachdem du nun alle Spuren aus dem Motelzimmer gesammelt hast, unterhältst du dich mit **Garris** noch einmal kurz über **James Hawker**. Danach ist es an der Zeit, die gefundenen Beweismittel einer detaillierten Analyse zu unterziehen.

Analyse der gefundenen Beweise

Öffne Vics Inventar und wähle im Beweismittelfach des CSIA-Kits zunächst einmal den **Fingerabdruck auf der Fernbedienung** aus. Anhand einer **Datenbankanalyse** stellt sich schnell heraus, dass der Fingerabdruck von Paloma Hernandez stammt und somit keine weiteren Spuren zum Entführer liefert.

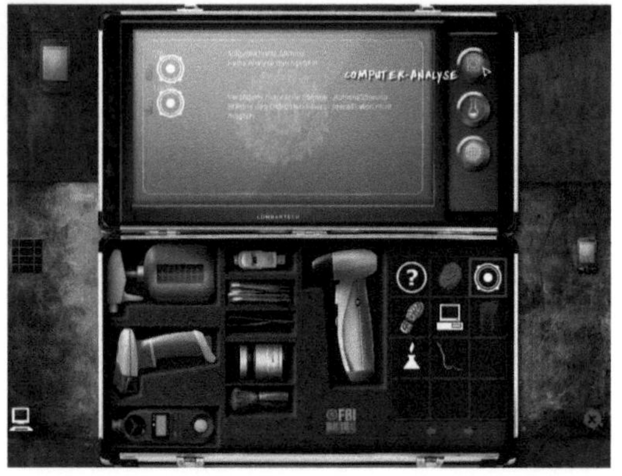

Unterzieh abschließend noch die *Fasern aus dem Badezimmer des Motels* einer *Chemischen Analyse*. Nachdem du nun alle wichtigen Beweise gefunden und analysiert hast, schließt du dein Inventar wieder. In diesem Moment klingelt auch schon das Telefon. Paloma Hernandez berichtet Vic von ihrer Entführung und bittet sie verzweifelt um Hilfe!

Als Nächstes ist die auf dem Anrufbeantworter *Aufgezeichnete Stimme* an der Reihe, die du ja mittlerweile bereits von deinem Smartphone ins Beweismittelfach deines CSIA-Kits übertragen haben solltest. Wähle die Aufzeichnung aus und führe eine *Computeranalyse* durch. Der Ostküsten-Killer ist eindeutig ein Mann, dessen Stimme aber nicht weiter zugeordnet werden kann.

Widme dich nun dem *Schuhabdruck*. Anhand einer *Datenbankanalyse* findest du heraus, dass es sich um einen Schuh mit Stollensohle handelt und dass der Killer offenbar Schuhgröße 44 trägt.

Führe anschließend mit der *Laptop-Computerdatei* eine *Computer-Analyse* durch, um so die darin enthaltenen Daten zu reparieren. Die *Reparierte Textdatei – Autor: Paloma Hernandez* lässt sich nun per Doppelklick auf den entsprechenden Eintrag in der Ergebnisliste des Analysefensters öffnen und einsehen – es handelt sich dabei um *Paloma Hernandez' Notizen zum Mordfall*, die du dir genau durchlesen solltest.

Jetzt sind die *Blutspuren aus dem Badezimmer des Motels* an der Reihe. Führe zunächst eine *Chemische Analyse* durch und unterzieh das Ergebnis dann einer *Datenbankanalyse*, um zu erfahren, dass es sich hierbei eindeutig um Paloma Hernandez' Blut handelt.

Nun ist die Gasprobe mit den *Substanzspuren im Badezimmer des Motels* an der Reihe. Eine *Chemische Analyse* ergibt, dass es sich dabei um ein Narkosegas handelt, mit dem Paloma offenbar vom Killer bewusstlos gemacht wurde.

Tödliche Tests (2008)

Test 1: Die Flucht aus Palomas Zelle

Als Paloma wieder zu sich kommt, findet sie sich in einem düsteren Kellerraum wieder. Ihr Handy liegt klingelnd zwischen in den Boden des Raumes einbetonierten Glasscherben herum. Von nun an schlüpfst du wieder in die Rolle der entführten Reporterin.

Die Uhr des Todes
Nachdem du von Palomas Vergiftung erfahren hast, erscheint am oberen rechten Bildschirmrand eine Uhr, die dir anzeigt, wie viel Zeit dir noch zu ihrer Rettung bleibt – ist die Zeit abgelaufen, bedeutet dies für Paloma das sichere Aus!

Palomas Vergiftung

Mach umgehend kehrt und begib dich zu Palomas Bett. Schieb das *Bett* schnellstmöglich an die andere Wand, um so an das dort herumhängende *Erste-Hilfe-Schränkchen* heranzugelangen. Im Innern findest du eine **Zu zwei Dritteln gefüllte Flasche** und einen **Reagenzglasständer voller mit Flüssigkeit gefüllter Rörchen**.

Da Paloma vermutet, dass Vic versucht sie anzurufen, begibst du dich umgehend in Richtung Tür und hebst **Palomas Handy** vom Boden auf. Am anderen Ende der Leitung ist aber nicht Vic, sondern der Killer zu hören, der Paloma nun eiskalt erklärt, dass er sie vergiftet hat und dass ihr nur noch wenige Minuten bleiben, um sich mithilfe eines Gegengiftes vor dem ansonsten sicheren Tod zu retten!

So ausgerüstet begibst du dich zum an der gegenüberliegenden Wand befestigten *Waschbecken*, nimmst das *Zu zwei Dritteln gefüllte Fläschchen* aus deinem Inventar und füllst es am Wasserhahn komplett mit Wasser auf, um so eine **Volle und verdünnte Flasche** des Reagenzes zu erhalten.

Öffne danach erneut dein Inventar und entferne mithilfe der entsprechenden Schaltfläche die vier Röhrchen aus dem *Reagenzglasständer*. Damit dies reibungslos funktioniert, musst du in deinem Inventar gegebenenfalls zuerst etwas aufräumen, um so genug Platz für die vier **Mit farbloser Flüssigkeit gefüllten Röhrchen** zu schaffen.

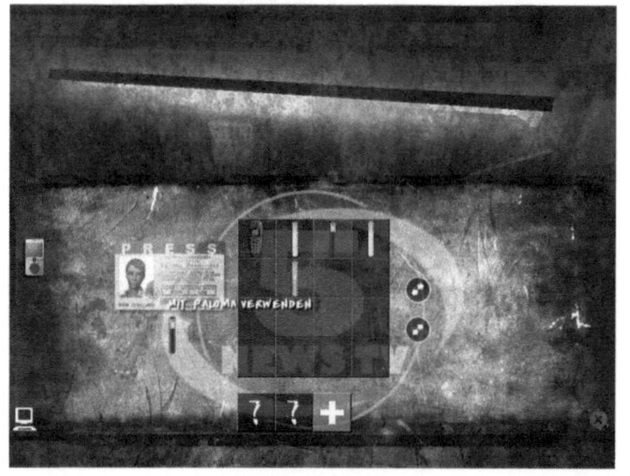

Füll nun drei der vier *Röhrchen* mit dem verdünnten Reagenz der *Flasche* auf, woraufhin die darin enthaltenen Flüssigkeiten ihre Farbe ändern. Das **Reagenzglas mit der schwarzen Flüssigkeit** enthält das ersehnte Gegengift. Wähle es im Inventar aus und klick damit auf Palomas Presseausweis. Paloma trinkt daraufhin das Gegengift und ist geheilt. *Puh ... das war knapp!*

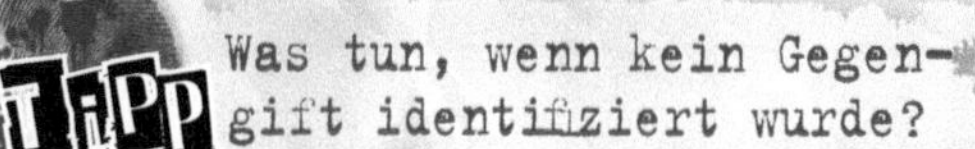

Was tun, wenn kein Gegengift identifiziert wurde?

Das Reagenz aus der Flasche reicht lediglich zum Einfärben von drei der vier Röhrchen. Sollte sich dabei keines der Röhrchen schwarzgefärbt haben, gibst du Paloma einfach den Inhalt des verbliebenen Röhrchens zu trinken, um sie so von der Vergiftung zu heilen.

Die Flucht aus der Zelle

Nachdem die erste Gefahr nun als gebannt gilt und Paloma den Umständen entsprechend wieder wohlauf ist, bleibt dir endlich genug Zeit, dich in Ruhe in deiner Zelle umzuschauen und nach einem Fluchtweg zu suchen.

Als Erstes solltest du einen Blick in den oberhalb des Waschbeckens montierten *Spiegel* werfen. Du trägst immer noch dein Halsband. Der Killer kann dich also jederzeit mit Stromstößen bestrafen, wenn du etwas tust, das ihm nicht gefällt, oder versuchst einen entsprechend gesicherten Bereich zu betreten!

Wende deine Aufmerksamkeit nun der links vom Waschbecken gelegenen Wand zu, an der du diverse *Kritzeleien, Zahlen, Schriftzüge und Hilferufe* der vorangegangenen Opfer des Killers entdecken kannst. Direkt darüber hat der Killer eine weitere *Überwachungskamera* installiert, mit der er dich die ganze Zeit über beobachtet.

An der gegenüber dem Waschbecken gelegenen Wand findest du neben dem *Poster einer Schauspielerin* auch noch einen *Schrank*, in dem du nun vorübergehend alle in deinem Inventar befindlichen Gegenstände verstauen solltest.

Nachdem du wieder etwas Platz in deinem Inventar geschaffen hast, versuchst du dich der Tür deiner Zelle zu nähern und betrachtest die im Boden einbetonierten *Glasscherben* etwas genauer. Da du die Tür so nicht unverletzt erreichen kannst, schnappst du dir die **Matratze** vom Bett und wirfst diese über die Glasscherben - jetzt ist der Weg zur Tür endlich begehbar! Wenn du versuchst, die *Tür* zu öffnen, stellst du fest, dass diese fest verschlossen ist - aber das war ja nicht anders zu erwarten!

Links neben der Tür kannst du ein kleines Wandregal entdecken. Schau dir den darauf abgestellten *Karton* etwas genauer an und nimm den **Sechseckigen Schlüssel** und die **Speicherkarte** heraus. Paloma steckt die Speicherkarte umgehend in ihren Stimmrekorder. Öffne dein Inventar, wechsle zum Stimmrekorder und klick auf dessen gelben Knopf, um dir die drei auf der Speicherkarte gespeicherten Aufzeichnungen anhören zu können: das *Interview vom 10.22.*, das *Interview vom 02.29.* und das *Interview vom 01.13.* Dass die für die Interviews angegebenen Daten irgendwie seltsam anmuten, sollte dich vorerst nicht weiter irritieren – was es damit auf sich hat, wirst du später noch erfahren!

Wirf nun noch einen Blick auf den links vom Regal befindlichen *Sicherungskasten* und wende dich dann dem neben dem Waschbecken aufgestellten *Spint* zu. Die Tür des Spints ist zwar verschlossen, aber mithilfe des *Sechseckigen Schlüssels* lässt sich diese schnell und effektiv öffnen. Nachdem du den **Pulverfeuerlöscher** aus dem Spint an dich genommen hast, gibt es zwei Möglichkeiten, aus Palomas Zelle zu entkommen:

VARIANTE 1: MIT ROHER GEWALT

Begib dich zurück zur Tür, nimm den *Pulverfeuerlöscher* aus deinem Inventar und schlage mit diesem kräftig vor die *Tür*. Das Schloss der Tür gibt bereits nach dem ersten Hieb nach, sodass du durch diese hindurch in den nächsten Raum gelangen kannst.

VARIANTE 2: ERSCHRECKEND ELEGANT

Verabscheust du rohe Gewalt oder liebst du es einfach etwas ... *hmm* ... sagen wir "ekliger", steht dir alternativ auch noch eine andere Lösung zur Wahl. Begib dich zurück zum Bett und betrachte das *Bodengitter* unterhalb der Wand mit den Kritzeleien etwas genauer.

Paloma kann unter dem Gitter eine abgetrennte Hand entdecken. Da sich das *Bodengitter* mit bloßen Händen nicht anheben lässt, schiebst du das *Bett* zurück an die Wand mit den Kritzeleien und nimmst die **Metallröhre** an dich, die am anderen Ende des Bettes auf dem Boden herumliegt (dabei musst du gegebenenfalls den Feuerlöscher an den linken Rand deines Inventars verschieben, um so den benötigten Platz für die Metallröhre zu schaffen).

So ausgestattet schiebst du das *Bett* wieder in Richtung des Erste-Hilfe-Schränkchens und hebelst mithilfe der *Metallröhre* das *Bodengitter* aus dem Boden. Im nun offenen Schacht kannst du die **Abgetrennte Hand** jetzt etwas genauer betrachten – sie hält einen Schlüssel. Zu dumm nur, dass die an der Hand herumknabbernden Ratten nicht gerade erfreut darüber scheinen, wenn du versuchst, sie bei ihrem Abendessen zu stören. Davon abgesehen weigert sich Paloma aber auch standhaft, ihre Finger in dieses rattenverseuchte Loch zu stecken!

Um das Problem zu lösen, greifst du kurzerhand zum *Pulverfeuerlöscher* und sprühst mit diesem den Schacht aus, woraufhin die Ratten umgehend die Flucht ergreifen. Jetzt kannst du dir endlich den **Schlüssel** schnappen.

Öffne mithilfe des *Schlüssels* die *Tür* und verstau anschließend (mit Ausnahme des Feuerlöschers) alle in deinem Inventar befindlichen Gegenstände im rechts der Tür befindlichen *Schrank*. Danach schreitest du durch die Tür in den dahintergelegenen Raum.

Test 2: Der Elektrische Stuhl

Im nächsten Raum angelangt, nimmt auch schon der Killer über sein Überwachungssystem Kontakt mit Paloma auf. Er freut sich anscheinend, dass du den ersten Teil seines "Hindernisparcours" überwunden hast und dass das "Spiel" nun in die zweite Runde geht. Rede mit dem Killer über alle zur Verfügung stehenden Themen und schau dich anschließend etwas genauer in dem Raum mit dem Elektrischen Stuhl um.

Betrachte zunächst den **Elektrischen Stuhl** und schieb das "Hinrichtungsgerät" danach auf den Sockel in der Mitte des Raumes. Danach nimmst du all deinen Mut zusammen und setzt dich auf den **Elektrischen Stuhl**. Keine Angst, momentan kann dir hier rein gar nichts passieren! Du fragst warum? Gut, dann öffne nun den kleinen **Schaltkasten** an der linken Armlehne des Stuhls – wie du feststellst, ist offenbar die Sicherung ausgeschaltet, sodass der Elektrische Stuhl momentan keinen Strom bekommt!

Betätige den **Hebel** an der rechten Armlehne des Stuhls, um den Stuhl gegen den Uhrzeigersinn in Richtung der ersten Tür zu bewegen. Auf der Tür kannst du nun die Inschrift **Dora 216** erkennen. Betätige den Hebel erneut und schau dir der Reihe nach die Inschriften der anderen Türen an: **Olivia 60, Joyce 33, Janet 108, Paloma 129** und **Dolores 71**. Palomas Tür hat also die Nummer 129 – das solltest du dir merken!

Die Stromversorgung für den Elektrischen Stuhl

Mit diesem Wissen bringst du den Stuhl wieder in seine Ausgangsposition, stehst auf (dazu mit der Maus auf Palomas Füße klicken) und wendest dich dem **Sicherungskasten** an der Wand neben der Tür zu Palomas Zelle zu. Wenn du versuchst, den Sicherungskasten zu öffnen, bekommst du einen Stromschlag – der Schrank steht offenbar unter Strom. Ein Problem, das es nun zu lösen gilt!

Geh durch die links vom Sicherungskasten gelegene Tür zurück in Palomas Zelle. Dort angelangt wendest du dich dem neben dem Wandregal befindlichen **Sicherungskasten** zu. Bei genauerer Betrachtung scheint dieser mit seinem Gegenstück im Raum mit dem Elektrischen Stuhl verbunden zu sein. Greif also kurzerhand zum **Pulverfeuerlöscher** und setz den **Sicherungskasten** in Palomas Zelle mit einem gezielten Schwall des Löschpulvers außer Betrieb.

Nachdem dies erledigt ist, begibst du dich wieder in die Hinrichtungskammer und öffnest den dort befindlichen **Sicherungskasten**. Wenn du nun einen Blick ins Innere des Sicherungskastens wirfst, stellst du fest, dass es darin deutlich zu dunkel ist – Paloma kann beim besten Willen nichts erkennen. Zum Glück findest du aber links der Tür zu Palomas Zelle einen **Lichtschalter**. Betätige den grünen **Knopf**, um das Licht im Innern des **Sicherungskastens** einzuschalten und nimm dann den auf dem Boden des Kastens herumliegenden **Eisendraht** an dich.

Im Innern des Sicherungskastens kannst du zwei **Glühbirnen** entdecken. Nimm die **Kleine Glühbirne** an dich und schalte anschließend mithilfe des darunter befindlichen **Hebels** den Strom für den Elektrischen Stuhl ein.

Der Elektrische Stuhl

Nachdem du die Stromversorgung für den **Elektrischen Stuhl** wiederhergestellt hast, nimmst du erneut darauf Platz und drehst den Stuhl mithilfe des **Hebels** so lange, bis dieser genau auf die Tür mit der Aufschrift "Paloma 129" ausgerichtet ist.

Ist dies erledigt, öffnest du den **Schaltkasten** des Elektrischen Stuhls. Dein Ziel besteht nun darin, die richtige Voltzahl für den Elektrischen Stuhl einzustellen und diesen danach zu aktivieren. Was? Du fragst, ob du richtig gelesen hast? Ja! Denn auch das gehört zum perfiden Spiel des Ostküsten-Killers. Willst du diesen Raum jemals verlassen, bleibt dir keine andere Wahl!

Die für Paloma vorgesehene Voltzahl kannst du an der Tür ablesen: 129V. Um die Voltzahl für den Stuhl einzustellen, musst du entsprechend oft an den dafür vorgesehenen **Drehreglern** auf der rechten Seite des Schaltkastens drehen: **2x 5V, 2x 50V** und **1x 20V**. Da dies in der Summe 130V ergibt, stellst du nun noch den **Schieberegler** auf der linken Seite auf **-1V** und kommst so auf die gewünschte Voltzahl: 130-1=129V. Aktiviere nun den roten **Knopf**, um den Elektrischen Stuhl einzuschalten. Paloma bekommt daraufhin einen heftigen Stromschlag versetzt – aber zur Belohnung für diese Selbstgeißelung öffnet sich nun auch endlich die Tür zum nächsten Abschnitt des "Todesparcours".

Die Türen der anderen Opfer

Wenn du willst, kannst du auch versuchen, den Stuhl auf die Türen der anderen Opfer auszurichten und den Stuhl dann mit der für sie vorgesehenen Voltzahl zu aktivieren. Der Killer gibt daraufhin zu den jeweiligen Opfern einen kurzen Kommentar ab, was aber für den weiteren Spielverlauf nicht von Bedeutung ist. Ob du Paloma den unnötigen Stromschlägen aussetzen willst oder nicht, bleibt also dir überlassen.

Test 3: Palomas elektrisches Halsband

Begib dich durch die Tür mit der Aufschrift "Paloma 129" in den dahinter gelegenen Flur. An der Wand steht ein **Spint**. Öffne ihn und nimm die **Leere Sprayflasche** an dich.

Bevor du nun über die Treppe den nächsten Teil des "Hindernisparcours" betrittst, solltest du dich zunächst einmal um Palomas elektrisches Halsband kümmern. Mit der Sprayflasche und dem Eisendraht aus dem Sicherungskasten im Gepäck machst du dich durch den Raum mit dem Elektrischen Stuhl wieder auf den Rückweg zu Palomas Zelle und füllst die **Leere Sprayflasche** dort am **Waschbecken** mit Wasser auf, um so eine Flasche voll **Wasserspray** zu erhalten.

Ist dies erledigt, wirfst du einen Blick in den über dem Waschbecken befindlichen *Spiegel*, sodass du dir Palomas Halsband ganz genau anschauen kannst. Wenn du den *Eisendraht* aus deinem Inventar in die am unteren Teil des Halsbands befindlichen *Löcher* steckst, kannst du damit einen Zahlencode in das *Elektrische Halsband* eingeben. Der Code zum Öffnen der Schnalle des Halsbands ist unter den Kritzeleien an der nahegelegenen Wand abzulesen. Er lautet: *2-3-2-4*.

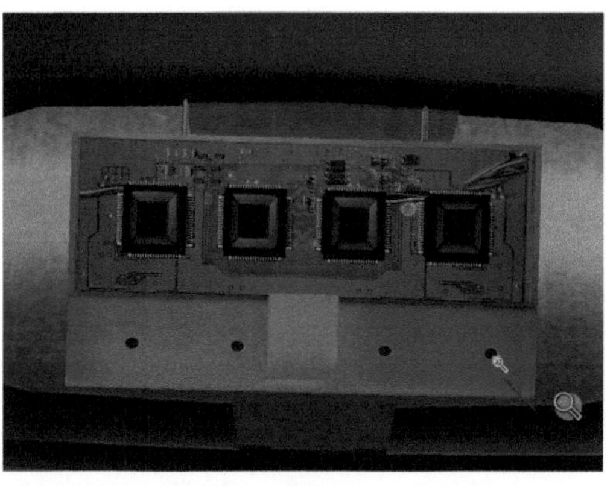

Nachdem du dem Code entsprechend viele Striche auf den vier LED-Anzeigen des Halsbands aktiviert hast, öffnet sich die Schnalle und du bist endlich vor den willkürlichen Elektro-Strafaktionen des Killers gefeit. Dass du das Halsband jetzt abgenommen hast, bedeutet aber nicht, dass das Spiel bereits überstanden wäre. Als Nächstes erwartet dich der letzte Teil des Hindernisparcours!

Mach dich durch den Hinrichtungsraum mit dem Elektrischen Stuhl wieder auf den Weg zum dahinter gelegenen Flur und folge der Treppe nach oben. Öffne die Tür und schreite durch diese in die Leichenhalle.

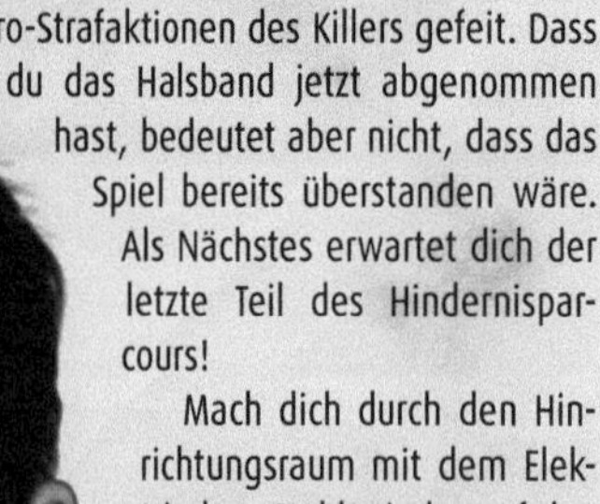

Test 4: Die Leichenhalle

In der Leichenhalle angelangt, nimmt der Ostküsten-Killer erneut Kontakt zu dir auf und erklärt dir, welches Ziel es im letzten "Hindernisparcours" zu erreichen gilt: die verschlossene Tür am anderen Ende der Leichenhalle. Bevor du diese öffnen kannst, erwartet dich aber zunächst ein weiteres Rätsel.

Nachdem du dich mit dem Killer über alle zur Verfügung stehenden Themen unterhalten hast, wendest du dich der kleinen *Codetafel* auf der linken Seite der Tür zu. Um die links neben dir gelegenen Schubladen des Leichenschranks zu öffnen, musst du jeweils den passenden Code in die Tafel eingeben. Die drei benötigten Codes solltest du eigentlich bereits kennen. Erinnerst du dich noch an die Speicherkarte aus Palomas Zelle im Keller? Auf der Speicherkarte waren mit Daten versehene Interviews gespeichert. Da der Killer sein "Spiel" extra auf Paloma zugeschnitten hat, spiegelt jedes Datum einen der hier benötigten Codes wieder.

Gib also den Code *0-1-1-3* in das Ziffernfeld der Tafel ein und bestätige die Eingabe dann mit *OK*, um die mittlere Schublade der unteren Reihe des Leichenschrankes zu entriegeln. Danach ziehst du die *Leichenschublade* heraus und betrachtest das am Fuß der auf der Bahre liegenden Schaufensterpuppe befestigte *Schild* etwas genauer – es trägt die Aufschrift "Hawker", wobei der Buchstabe *H* fett unterstrichen wurde.

Nachdem du die Schublade wieder geschlossen hast, gibst du den zweiten Code in die *Codetafel* ein: *0-2-2-9*. Auf dem *Schild* der in der oberen linken *Leichenschublade* gelagerten Puppe steht der Name "Hernandez" geschrieben – hier wurde das *E* unterstrichen.

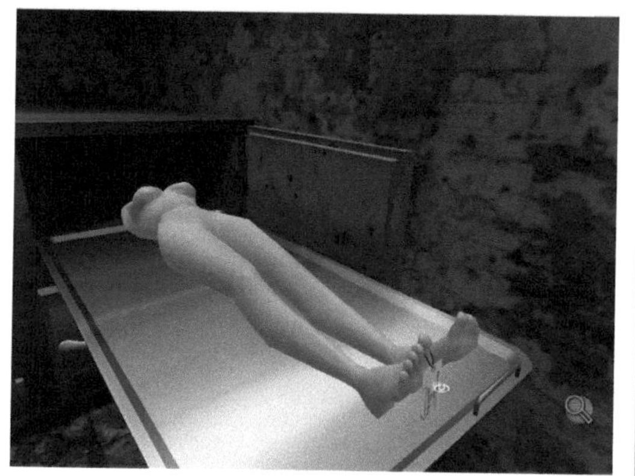

Wende dich erneut der **Codetafel** zu und gib den letzten Code ein: **1-0-2-2**. Diesmal öffnet sich die obere rechte **Leichenschublade**. Zieh sie heraus und betrachte das **Schild** an Vic McPhersons Puppe – das **P** wurde unterstrichen.

Mit diesem Wissen machst du dich auf den Weg zum anderen Ende der Leichenhalle und betrachtest den blutverschmierten **Obduktionstisch** etwas genauer. Schau dir die **Blutlache** an und nimm anschließend das **Spurensicherungspulver** und das **Chirurgische Instrument** an dich.

So ausgestattet gehts wieder zurück in Richtung der Leichenschubladen. Betrachte den **Arztkittel**, der hier auf der rechten Seite des Raumes an der Wand hängt. Schütte das **Spurensicherungspulver** in deine bereits im Inventar befindliche Flasche mit **Wasserspray**, um so ein **Flüssiges Spurensicherungsmittel** anzufertigen, welches du anschließend auf die rechts vom Kittel aus der Wand herausragenden Buchstaben sprühst.

Auf der Wand erscheint nun der Schriftzug "PRESS HERE". Kurz darauf meldet sich auch schon wieder dein Peiniger zu Wort. Er erklärt dir, dass er dir nur ein paar Minuten Zeit lässt, um dieses Rätsel zu lösen. Schaffst du es nicht, wird der Raum zur Strafe

mit Giftgas gefüllt. Da die Türen vorübergehend alle verriegelt werden und es so keine Chance zur Flucht gibt, würde dies dein endgültiges Aus zur Folge haben!

Um den Timer außer Kraft zu setzen und die Giftgasfalle so zu deaktivieren, musst du nun die richtigen Buchstaben des aus der Wand herausragenden Schriftzugs drücken. Welche das sind, konntest du ja bereits anhand der Zettel an den Füßen der Puppen in den Leichenschubladen ablesen. Drücke die **Buchstaben** also in der folgenden Reihenfolge: **P, H** und abschließend das erste **E** – kurz darauf wird automatisch die Tür am anderen Ende des Raumes entriegelt.

Tödliches Halsband
Sollte Paloma beim Versuch die Tür am anderen Ende des Raumes zu öffnen das elektrische Halsband noch tragen, wird der Killer sie für diesen Fehler mit dem Tode bestrafen. Es bleibt dir dann nichts Anderes übrig, als einen alten Spielstand zu laden und dein Glück aufs Neue zu versuchen!

Versichere dich noch einmal, dass du Paloma bereits von ihrem Halsband befreit hast, und öffne dann die nahe dem Obduktionstisch gelegene Tür. Anstatt den erhofften Weg in die Freiheit, bekommst du hier leider lediglich eine zugemauerte Wand zu Gesicht und musst dich vom Killer aufs Neue verhöhnen lassen. Da du hier nicht weiter kommst, gilt es nun nach einem alternativen Fluchtweg aus der Leichenhalle zu suchen.

Flucht aus der Leichenhalle

Rechts vom Obduktionstisch kannst du ein mit einem roten Stier verziertes **Rollo** entdecken, das hier offenbar den Zugang zu einem Aufzugschacht versperrt. Ob der Schacht vielleicht eine Möglichkeit zur Flucht aus der Leichenhalle darstellt?

Da sich der Schacht mit bloßen Händen nicht öffnen lässt, greifst du erneut zum *Pulverfeuerlöscher* und schlägst mit dessen Hilfe das *Rollo* aus seiner Halterung. Danach kannst du ungehindert ins Innere des Schachtes klettern.

Da es im Innern des Schachtes zu dunkel ist, um dort etwas erkennen zu können, schraubst du die *Kleine Glühbirne* aus dem Sicherungskasten beim Elektrischen Stuhl in die *Lampenfassung*, die sich oberhalb der im Schacht verschraubten Platte befindet. *Ha ...* na, wer sagt es denn ... endlich Licht!

Bei genauerer Betrachtung der *Platte* des im Schacht befindlichen Sicherungskastens kannst du erkennen, dass diese mit vier Schrauben befestigt wurde. Nimm das *Chirurgische Instrument* aus deinem Inventar und löse damit die *Schrauben* aus der Platte, um den Sicherungskasten zu öffnen.

Paloma schleicht über die kleine Treppe auf der Rückseite des Hauses in den Hinterhof. Dabei löst sie leider die am Ende der Treppe montierte C2-Sprengstofffalle aus und fällt kurz darauf bewusstlos zu Boden!

Da die *Sicherungen* offenbar aus dem Kasten entfernt wurden, musst du nun nach einem alternativen Weg suchen, den Aufzug wieder in Fahrt zu bringen. Platziere zunächst das *Chirurgische Instrument* im Innern des *Sicherungskastens* und positioniere dann deinen *Eisendraht* in der *Halterung der untersten Sicherung*. Der Aufzug bringt dich nun automatisch in die über dir gelegene Küche des Hauses.

Wenn du willst, kannst du dich noch ein wenig im Innern der Küche umschauen. Da es außer einem *Schrank* zum Lagern unbenötigter Gegenstände, einem auf dem Küchentisch herumliegenden *Zeitungsartikel über den Killer*, einem defekten *Haustelefon* und der verschlossenen *Tür* zum Hausflur nichts Interessantes zu entdecken gibt, verlässt du die Küche durch die nahe dem Aufzug gelegene *Hintertür*.

Vics Ankunft am Haus des Killers

Am Morgen nach Palomas gescheitertem Fluchtversuch trifft das FBI mit Unterstützung der örtlichen Polizei am Haus des Killers ein. Von nun an schlüpfst du wieder in die Rolle von Vic.

Im Gespräch mit dem Bezirkssheriff, *Kate Halloway*, erfährst du, dass das Haus bei ihrem Eintreffen bereits leer war. Der Killer hat sich offenbar bereits aus dem Staub gemacht und Paloma konnte ebenfalls nicht gefunden werden. Unterhalte dich mit der Polizistin über die *Untersuchung*, das *Haus* und die *Polizeioperation*. Am Ende des Gespräches überreicht dir Kate noch eine Speicherkarte, die sie offenbar auf dem Küchentisch des Hauses gefunden hatte - es handelt sich dabei um die *Datierten Interviews*, die Paloma zuvor in ihrer Zelle gefunden hatte. Die drei Tonaufnahmen werden automatisch in deinem Smartphone gespeichert.

Als Nächstes folgt noch ein Gespräch mit deinem Kollegen *Garris*. Rede mit ihm über die *Untersuchung*, die *Hawker-Datei* und den *Ostküsten-Killer*. Garris überreicht dir daraufhin *James Hawkers Akte*, die nun ebenfalls unter den Dokumenten deines Smartphones gespeichert wird.

Nachdem sich Kate und Garris auf den Weg ins Haus gemacht haben, schaust du dir die neuen Beweisstücke in deinem Smartphone noch einmal genauer an und wechselst dann ins „Nachrichten & Kontakte"-Menü deines Smartphones, um dir die neu erhaltene *SMS von Claire, 23. Okt. 2008* durchzulesen. Danach rufst du *Claire* an und sprichst mit ihr über *FBI-Neuigkeiten* und die *Hawker-Datei*. Claire verspricht dir daraufhin, ein paar Nachforschungen über Hawker anzustellen. Nachdem auch dieses Gespräch beendet ist, kannst du endlich mit der Untersuchung des Geländes beginnen.

HINWEIS — Ausführliche Ermittlungen

Während der Ermittlungen am Haus des Killers gibt es allerhand zu entdecken. Während einige Dinge wirklich wichtig sind, erscheinen andere eher belanglos, dienen aber nichtsdestotrotz dazu, dir zumindest ein genaueres Bild über die Vorfälle der vergangenen Tage und das Leben des Killers und seiner Opfer zu verschaffen. Scheu dich also nicht, alles, was dir ins Auge fällt, genau unter die Lupe zu nehmen - auf diese Weise steigerst du nicht nur die Spannung, sondern findest dich später auch deutlich besser zurecht!

Ermittlungen auf dem Vorhof des Hauses

Bevor du dich der genaueren Untersuchung des Vorhofes des Hauses widmest, wirfst du zunächst einen kurzen Blick auf den verschlossenen *Kofferraum des Polizeiautos*. Ist dies erledigt, begibst du dich zur Einfahrt, vor der du die Spuren eines Fahrzeugs entdecken kannst.

Wirf einen Blick auf die auf dem Boden verstreuten **Glasscherben einer Windschutzscheibe** und nimm dann die **Reifenspuren** genauer unter die Lupe. Mithilfe des **3D-Scanners** aus deinem CSIA-Kit scannst du die **Reifenspuren** und legst diese als **Breite Reifenspur vor dem Haus** im Beweismittelfach ab und führst anschließend eine **Datenbankanalyse** durch. Dass der Mörder einen Pick-up fährt, wusstest du zwar schon, aber nun ist auch Vic über diese Tatsache informiert.

Betrachte nun noch den **Abdruck eines nackten Fußes**, scanne ihn mithilfe des **3D-Scanners** ein und führ erneut eine **Datenbankanalyse** durch, um ihn als Palomas Fußabdruck zu identifizieren.

Da es am Tor vorerst nichts weiter zu tun gibt, folgst du dem links vom Haus verlaufenden Weg zum Holzschuppen.

Untersuche den vorderen rechten **Balken des Holzschuppens** etwas genauer, auf dem du nun ein seltsames **Muster** erkennen kannst, das sich anschließend mit deinem Smartphone fotografieren und als **Foto einer Holzschnitzerei** im Bilder-Menü speichern lässt. Öffne dein Inventar und übertrage das Foto ins CSIA-Kit, um es dort einer **Datenbankanalyse** zu unterziehen. Da sich

das militärische Abzeichen nicht hundertprozentig identifizieren lässt, belässt du es vorerst dabei.

Schau dir nun die vor dem Schuppen herumliegende **Eisenbahnschwelle** mit der Aufschrift „B.A.R." an und unterhalte dich dann kurz mit **Garris**, der hier am Tor zum Hinterhof in seine Ermittlungen vertieft ist. Da er momentan nichts Neues zu berichten hat, marschierst du durch das Tor auf den Hinterhof des Hauses.

Ermittlungen auf dem Hinterhof des Hauses

Betrachte zunächst die Pfütze mit dem **Metallgitter**, das hier direkt im Durchgang des Tores zu finden ist und wirf dann einen genaueren Blick auf die **Gummistücke**, die hier nahe den Stufen zur Hintertür des Hauses auf dem Boden herumliegen. Mithilfe des **Probentupfers** aus deinem CSIA-Kit kannst du eine Probe des **Blutes am Gummistück** einsammeln und diese anschließend einer **Chemischen-** und einer **atenbankanalyse** unterziehen. Es handelt sich eindeutig um Palomas Blut.

Begib dich als Nächstes zum **Anhänger**, der hier nahe dem Kellerfenster abgestellt wurde, und betrachte ihn etwas genauer. Wie du feststellst, ist die **Ladefläche** des Hängers fest verschlossen und das **Nummernschild** so verschmutzt, dass du es auf keinen Fall entziffern kannst.

Da sich das Problem momentan nicht lösen lässt, wirfst du nun zunächst einen Blick auf die an der Ecke des Hauses herumstehende **Zielscheibe** und den **Zaun**, betrachtest dann die beiden **Tonnen** etwas genauer und sammelst die daneben herumstehende **Ölkanne** ein.

Nachdem du deine Ermittlungen auf dem Hinterhof nun vorerst abgeschlossen hast, begibst du dich wieder zur Veranda an der Vorderseite des Hauses. Links der Treppe findest du noch einen **Fußabdruck** und eine **Reifenspur**, die offenbar nicht von einem Auto stammt. Verwende deinen **3D-Scanner**, um die beiden Beweismittel einzuscannen und führ danach eine **Daten-**

bankanalyse durch. Der Schuhabdruck ist der des Killers. Die Reifenspur stammt von einem Motorrad, lässt sich aber nicht genauer identifizieren, weshalb Vic die Daten nun automatisch per Smartphone an *Claire* übermittelt.

Nachdem dies erledigt ist, steigst du über die Stufen nach oben und betrittst durch den Haupteingang das Innere des Gebäudes.

Ermittlungen im Erdgeschoss des Hauses

Im Flur des Hauses angelangt, wirfst du einen kurzen Blick auf das *Gemälde* an der rechten Wand, betrachtest die herausgerissenen *Dielen* im Boden und schreitest dann durch die Tür auf der rechten Seite in die Küche.

Die Küche

In der Küche betrachtest du zunächst das am Aufzugschacht aufgestellte *Regal* und schiebst dieses danach zur Seite, um dir die fest verschlossene *Tür des Speiseaufzugs* genauer anschauen zu können.

Als Nächstes wendest du dich dem *Kühlschrank* zu und wirfst dann einen Blick in die *Spüle*. Im Innern der Spüle findest du einen ungespülten *Topf*. Nimm das *Fingerabdruck-Pulver* aus deinem CSIA-Kit zur Hand, um damit die Fingerabdrücke auf dem Topf sichtbar zu machen und scanne diese dann mit dem *3D-Scanner* ein. Wie du anhand einer *Datenbankanalyse* feststellst, stammen die Fingerabdrücke von Paloma Hernandez.

Der Küchenschrank

Solltest du momentan nicht benötigte Gegenstände verstauen wollen, findest du im über der Spüle gelegenen Schrank ausreichend Platz.

Wenn du willst, kannst du nun noch einen Blick in den *Ofen* werfen und dir dann die *Zeitung* auf dem Küchentisch anschauen, auf der der Killer eine kleine Nachricht hinterlassen hat. Danach verlässt du die Küche wieder durch die Tür zum Flur und betrittst das direkt gegenübergelegene Wohnzimmer des Hauses.

Das Wohnzimmer

Im Wohnzimmer angelangt, wirfst du zunächst einen Blick auf den Wohnzimmertisch, auf dem du einen *Alten Film* und ein *Tablett* findest. Da das Tablett vom Killer mit Reinigungsmittel bearbeitet wurde, wirst du darauf jedoch keine Hinweise mehr finden. Wende dich nun dem Sofa zu, auf dem der *Film „The Blue Dahlia"* herumliegt. Links vom Sofa befindet sich der Kamin. Die auf dem Kaminsims herumliegende *Streichholzschachtel* wirst du zwar jetzt noch nicht brauchen, findest aber bestimmt später noch Verwendung dafür!

Links vom Kamin befindet sich ein großes Bücherregal. Schau dir das *Buch von Stephen Bachman*, das *Buch vom Atomkrieg* und das *Chemie-Handbuch* an und wende dich dann dem *Metalyr-Safe* auf der rechten Seite des Regals zu.

Da sich der **Safe** nicht öffnen lässt, betrachtest du zunächst die **Tastatur des Safes**, greifst zum **Fingerabdruck-Pulver** und machst damit die Fingerabdrücke auf den Tasten sichtbar. Tja, jetzt siehst du, welche Tasten gedrückt werden müssen, um den Safe zu öffnen ... die Frage ist nur: in welcher Reihenfolge?!?

Um das Problem mit dem Safe zu lösen, bist du auf Hilfe angewiesen. Verlass das Haus durch den Haupteingang und unterhalte dich mit **Garris**, der hier immer noch links des Hauses neben dem Tor zum Hinterhof zu finden ist. Wenn du ihn darauf ansprichst, dass er doch der **Elektronikexperte** des FBI ist und ihn dann bittest, dir mehr über den **Safe** zu erzählen, überspielt er dir die **Dokumentation zum Safe „Modell LK" von Metalyr** auf dein Smartphone. Lies dir die Anleitung genau durch und begib dich dann zurück ins Wohnzimmer.

tisch abstellt, wo du dir das gute Stück etwas genauer anschauen kannst. Beim Versuch die Dose zu öffnen, stellst du fest, dass diese verschlossen ist. Mithilfe deines **Schlossknackers** lässt sich die **Verzierte Dose** aber zum Glück schnell knacken. Im Innern findest du **Haarsträhnen der Opfer** – der Killer besitzt offenbar eine ausgeprägte Sammelleidenschaft und hat von jedem seiner Opfer ein kleines Andenken behalten.

In der Mitte des Esstisches liegt ein aufgeschlagenes **Buch über Gerichtsmedizin**, in dem eine **Haarsträhne** als Lesezeichen abgelegt wurde. Sammle die Haarsträhne mithilfe deiner **Probenzange** ein und führ eine **Chemische Analyse** durch. Wenn du das Ergebnis anhand einer **Datenbankanalyse** abgleichst, stellst du fest, dass es sich um Palomas Haare handelt.

Wieder am **Safe** angelangt, wirfst du einen erneuten Blick auf die **Tastatur**. Der Anleitung entsprechend lautet der Standardcode in den Werkseinstellungen „0-0-A-0-0". Auf dem Safe wurden den Fingerabdrücken zufolge die folgenden Tasten bedient: 1, 4, 6, 9 und A. Davon ausgehend, dass das „A" wie bei den Werkseinstellungen im Zentrum des Codes verblieben ist, sollte sich der Safe bereits nach wenigen Versuchen knacken lassen. Der richtige Code lautet: **1-9-A-4-6** (1946 – in diesem Jahr wurde der Film „The Blue Dahlia" veröffentlicht, den du ja bereits auf dem Sofa gefunden haben solltest).

Öffne den **Safe** und schau dir die im oberen Fach herumliegenden **Drehbücher** an. Mithilfe deines **Fingerabdruck-Pulvers** kannst du die darauf verteilten Fingerabdrücke sichtbar machen und diese dann mit dem **3D-Scanner** einscannen, bevor du sie einer **Datenbankanalyse** unterziehst.

Da die Fingerabdrücke nicht registriert sind, rufst du nun deine Freundin **Claire** an und redest mit ihr über die **Entdeckungen zum Mörder**. Übermittle ihr den **Unbekannten Fingerabdruck** und wende dich dann wieder dem Safe zu.

Unterhalb der im **Safe** verstauten Dokumente befindet sich noch eine **Verzierte Dose**, die Vic nun automatisch auf dem Ess-

Wende dich nun der rechts vom Durchgang zum Flur aufgestellten **Glasvitrine** zu. Auf der rechten Seite der Vitrine wurde ein **Geheimversteck** ins Holz eingearbeitet. Links vom Versteck kannst du ein paar **Fingerabdrücke** erkennen, die sich nun mithilfe des **Fingerabdruck-Pulvers** sichtbar machen lassen. Scanne die Abdrücke mit dem **3D-Scanner** ein und führ eine **Datenbankanalyse** durch. So wie es scheint, hat sich Sheriff Halloway bereits an dem Schrank zu schaffen gemacht, ohne dir etwas davon zu erzählen!

Da es im Erdgeschoss vorerst nichts weiter zu tun gibt, wendest du dich nun der 1. Etage des Hauses zu.

CSIA-Kit-Updates von Claire

Bist du der Lösung bis hierher explizit gefolgt, trifft beim Betreten der Treppe zur 1. Etage eine Nachricht von Claire auf deinem Smartphone ein. Deine Freundin hat mittlerweile weitere Details zu der vor der Veranda befindlichen Reifenspur herausgefunden und sendet dir nun ein Kit-Update zur Motorrad-Reifenspur. Die Daten der SMS-Nachricht kannst du danach von deinem Smartphone ins CSIA-Kit übertragen und gegebenenfalls weiter auswerten.

Ermittlungen in der 1. Etage des Hauses

Begib dich wieder in den Flur und folge der Treppe in die 1. Etage des Hauses. Oben angelangt kommt dir auch schon **Sheriff Halloway** entgegen, die offenbar gerade noch einmal ein paar Untersuchungen im „Zimmer der Braut des Todes" durchgeführt hat. Hast du ihre Fingerabdrücke am Geheimfach der Vitrine aus dem Wohnzimmer bereits gefunden und analysiert, kannst du sie bei Bedarf nun nicht nur auf die **Hausdurchsuchung**, sondern zusätzlich auch noch auf die **Fehlenden Hinweise** ansprechen (ansonsten lässt sich dieses Thema aber auch noch bei einem späteren Gespräch abhandeln).

Nachdem das Gespräch beendet ist, macht sich Kate auf den Weg zu ihrem Polizeiauto, wo du sie später bei Bedarf jederzeit auffinden kannst. Wende dich zunächst dem auf dem Flur aufgestellten **Kleiderschrank** zu, in dem du einige **Frauenkleider** entdecken kannst. Mithilfe des **Digitalen Mikroskops** aus deinem CSIA-Kit kannst du im linken Bereich des Kleiderschrankes eine **Haarsträhne** entdecken, die du danach mit deiner **Probenzange** einsammelst. Führe eine **Chemische Analyse** durch und gleiche das Ergebnis dann mit einer **Datenbankanalyse** ab. Es handelt

sich hier um eine Haarsträhne des Opfers Susan Giarelli.

Öffne nun die Tür auf der linken Seite des Flures und betrete das „Zimmer der Braut des Todes".

Das Zimmer der Braut des Todes

Beim Betreten des Zimmers stellt Vic fest, dass ihr der Raum bekannt vorkommt. Hier hat der Killer seine Opfer gefilmt. Betrachte die **Kaputte Lichtschranke** in der Ecke des Raumes und lauf dann um das Bett herum.

Am Fuße des Bettes liegt eine **Mit Blut getränkte Bandage** herum. Nimm mit dem **Probentupfer** eine Probe des Blutes und führ danach eine **Chemische-** und dann eine **Datenbankanalyse** durch – es handelt sich um Palomas Blut.

Wirf einen Blick auf die am Kopffposten des Bettes herumhängenden **Handschellen**, den rechten **Rand der Matratze** (hier hat offenbar schon jemand Anderer etwas gesucht) und die **Leere Überwachungskamerahalterung** an der Decke des Raumes. Danach wendest du dich dem **Zerbrochenen Spiegel** auf dem Schreibtisch zu. Mithilfe deines **Fingerabdruck-Pulvers** machst du die Fingerabdrücke auf den Scherben sichtbar und scannst diese dann mit deinem **3D-Scanner** ein. Laut **Datenbankanalyse** handelt es sich um Palomas Fingerabdrücke.

Wirf noch einen Blick auf die über dem Schreibtisch hängenden **Fotografien** und begib dich dann am **Schrank** vorbei zum **Fenster**. Betrachte das rechts vom Fenster befindliche **Brautkleid der Braut des Todes** und öffne danach den **Ofen**, in dem du ein **Verbranntes Stück Papier** findest – eindeutig der Prospekt, von dem Paloma erzählt hatte.

Nachdem du hier alles erledigt hast, kehrst du auf den Flur zurück und betrittst durch die neben dem Kleiderschrank gelegene Tür das Badezimmer.

Das Badezimmer

Im Badezimmer angelangt, betrachtest du das *Erste-Hilfe-Schränkchen*. Da es verschlossen ist, knackst du das Schloss mithilfe deines *Schlossknackers* und betrachtest die im oberen Fach herumstehenden *Medizinfläschchen*. Nimm die **Gegengift-Serumbox** an dich und nimm dann das **Medikamentenrezept** genauer unter die Lupe, welches du danach umgehend in dein Inventar befördern solltest.

Auf dem Waschbecken liegt ein **Trockener alter Schwamm** herum. Da der *Wasserhahn* außer Betrieb zu sein scheint, begnügst du dich damit, den Schwamm einzusammeln und wirfst dann einen Blick auf das *Terrarium*.

Auf dem Boden vor der Badewanne kannst du ein paar *Blutflecken* entdecken. Nimm mithilfe des *Probentupfers* eine Blutprobe und führ damit eine *Chemische-* und eine *Datenbank-analyse* durch – es handelt sich erneut um Palomas Blut. Kaum auszudenken, was ihr der Killer alles angetan haben mag!

Schau dir nun die *Flecken auf dem Rand der Badewanne* an und entnimm mithilfe deiner *Probenzange* ein paar der darauf befindlichen *Fasern*. Die *Chemische Analyse* ergibt, dass hier bereits ein Probentupfer der Polizei am Werke war. Sheriff Halloway scheint dir also eindeutig wichtige Informationen zu verheimlichen! Bevor du dich darum kümmerst, solltest du aber zunächst noch versuchen, die restlichen Räumlichkeiten der 1. Etage zu inspizieren.

Die verschlossenen Türen in der 1. Etage

Wieder auf dem Flur der 1. Etage angelangt, betrachtest du die rechts vom Badezimmer gelegene *Metalltür*. Allem Anschein nach scheint es im Innern des Zimmers gebrannt zu haben, denn an der Tür sind Rußspuren zu entdecken.

Beim Versuch die *Metalltür* zu öffnen, stellst du fest, dass diese verschlossen ist, weshalb du dir anschließend das daneben befindliche *Elektronische Schloss* etwas genauer anschaust. Da du hier ohne die Hilfe eines Spezialisten nicht weiterkommst und sich auch die rechts davon befindliche *Tür zur Dachterrasse* des Hauses nicht öffnen lässt, solltest du dich nun zurück nach unten begeben, um dich ein weiteres Mal mit Sheriff Halloway zu unterhalten.

Gespräch mit dem Sheriff & Weitere Erledigungen

Wieder auf dem Vorhof des Hauses angelangt, sprichst du am Polizeiauto mit *Sheriff Halloway*. Falls noch nicht geschehen, kannst du sie nun auf die *Fehlenden Hinweise* ansprechen. Nachdem dies geklärt wäre, redest du mit ihr über das im Badezimmer gefundene *Medikamentenrezept* - Kate kümmert sich umgehend um die Angelegenheit und telefoniert mit dem Apotheker in Houlton, der ihr nun eine vage Beschreibung des Killers liefert.

Mit diesem Wissen greifst du zum Smartphone und rufst deine Freundin *Claire* an. Sprich mit ihr über die *Entdeckungen zum Mörder*, die *Beschreibung des Mörders*, den *Fall Anderson* und deine Probleme mit *Sheriff Halloway*.

Mit den von Claire erhaltenen Informationen sprichst du *Sheriff Halloway* erneut an und stellst sie wegen ihrer *Behinderung der Ermittlungen* zur Rede. Kate gesteht daraufhin, dass sie heimlich Beweismittel unterschlagen hat und überreicht diese an Vic – es handelt sich dabei um einen *Elektronischen Schlüssel (rot)* und die von ihr eingesammelten *Fasern* und *Substanzspuren*, die du nun mithilfe deines CSIA-Kits einer *Chemischen Analyse* und im Falle des Jod-Blut-Gemisches auch einer *Datenbankanalyse* unterziehen solltest.

Nachdem dies erledigt ist, begibst du dich wieder in die Küche des Hauses. Nimm den *Trockenen alten Schwamm* (den du zuvor ja schon im Bad eingesammelt hast) aus deinem Inventar und halte ihn an der *Spüle* unter den Wasserhahn. Mit dem *Nassen alten Schwamm* sollte sich selbst der dickste Dreck lösen lassen – erinnerst du dich noch an das verschmutzte Nummernschild?

Begib dich durch die Hintertür der Küche zurück auf den Hinterhof des Hauses und nimm dort den *Anhänger* ein weiteres Mal unter die Lupe. Mithilfe des *Nassen alten Schwamms* schrubbst du das *Nummernschild* sauber und rufst anschließend noch einmal bei *Claire* an. Während des Gesprächs über die *Entdeckungen zum Mörder* bittest du sie, das *Nummernschild* zurückzuverfolgen und herauszufinden, auf wen der Anhänger zugelassen wurde. Claire dürfte dich bereits wenige Minuten später zurückrufen und dir mitteilen, dass der Anhänger einem Mann namens Carson, Karson oder Larson gehört haben soll.

Nachdem auch dies erledigt wäre, unterhältst du dich am Tor des Hinterhofes mit *Garris* über *Sheriff Halloway* und sprichst ihn dann erneut auf seine Künste als *Elektronikexperte* an. Sobald du ihn bittest, dir bei der Sache mit dem *Elektronischen Schloss der verkohlten Tür* in der 1. Etage behilflich zu sein,

macht er sich umgehend gemeinsam mit Vic auf den Weg nach oben, um sich der Sache anzunehmen.

Da die Angelegenheit mit dem Schloss alles andere als einfach anmutet und sicher noch einiges an Zeit beanspruchen wird, solltest du dich nun erst einmal in neue Gefilde wagen und den Keller des Hauses inspizieren.

Ermittlungen im Keller des Hauses

Wenn du vom Flur des Erdgeschosses aus durch die zwischen der Treppe und dem Durchgang zum Wohnzimmer gelegene metallene *Kellertür* schreitest, findest du dich danach im finsteren Treppenhaus des Kellers wieder.

Die dunkle Kellertreppe

Taste im Dunkeln die vor Kopf liegende Wand ab, bis du dort eine leere *Öllampe* entdecken kannst. Nachdem du dir diese angeschaut hast, begibst du dich über die rechts gelegenen Stufen zurück nach oben und holst dir die *Streichholzschachtel* vom Kaminsims aus dem Wohnzimmer.

Wieder auf der Kellertreppe angelangt, füllst du die *Öllampe* zunächst mithilfe der auf dem Hinterhof gefundenen *Ölkanne* auf und zündest sie dann mit der *Streichholzschachtel* an – na wer sagts denn ... endlich Licht!

Lass die Tür auf der rechten Seite der Kellertreppe vorerst außer Acht und folge anstatt dessen den links gelegenen Stufen nach unten.

Der Heizungskeller

Im Vorraum des Heizungskellers angelangt, kannst du an der linken Wand eine **Tafel** entdecken. Schau dir die auf der Tafel geschriebene Nachricht an und schieb sie danach zur Seite, um die dahinter verborgene **Frisch gestrichene Wand** zum Vorschein zu bringen. Den großen **Container** kannst du bei Bedarf zum Lagern momentan nicht benötigter Gegenstände verwenden.

Benutze nun den Durchgang, um in den Hauptraum des Heizungskellers zu gelangen. Schau dir das auf dem runden Tisch herumliegende **Kassenbuch** und das nahe dem Fenster aufgestellte **Destilliergerät** an. Hinter dem links vom Öltank herumstehenden **Regal voller Weinflaschen** kannst du eine Tür erkennen, die sich momentan aber weder erreichen noch öffnen lässt.

Schau dir nun den an der gegenüberliegenden Wand befindlichen **Sägetisch** an und schnapp dir den darauf herumliegenden **Abrisshammer** (um ihn aufheben zu können, musst du die Ge-

genstände im Inventar so umsortieren, dass die komplette rechte Hälfte des Inventars frei bleibt).

Rechts der Kreissäge kannst du noch einen großen **Heizofen** und eine kleine **Gasflasche** entdecken. Bei genauerer Betrachtung der **Aufschrift der Gasflasche** stellst du fest, dass diese bei dem Händler gekauft wurde, dessen Rechnung auch Paloma gefunden hatte.

Betrachte nun die **Verbrannten Überreste** am Fuße des Heizofens. Bei genauerer Ansicht stellst du fest, dass es sich dabei um die Kreditkarte eines der Opfer handelt. Mithilfe des **Digitalen Mikroskops** aus deinem CSIA-Kit kannst du in den Überresten ein paar Haare entdecken. Sammle die **Haarlocke** mit deiner **Probenzange** ein und führe anschließend eine **Chemische Analyse-** durch – die Locke stammt offenbar von einer Perrücke.

Mit dem **Abrisshammer** im Gepäck wendest du dich nun wieder der **Frisch gestrichenen Wand** im Vorraum des Heizungskellers zu und zerlegst diese in ihre Einzelteile – durch die so geschaffene Öffnung gelangst du nun in den Aufzugschacht, der dich auf direktem Weg in die Leichenhalle führt.

Die Leichenhalle & Der Todes-parcours des Killers

In der Leichenhalle angelangt, nimmst du zunächst den *Arztkittel* etwas genauer unter die Lupe, der hier an der Wand mit den *Buchstabenkacheln* herumhängt. Betrachte den *Ärmel des Kittels* und verwende dann das *Spurensicherungsspray* aus deinem CSIA-Kit, um die darauf befindlichen *Blutflecken* sichtbar zu machen. Danach nimmst du mit deinem *Probentupfer* eine Probe und führst eine *Chemische-* und eine *Datenbankanalyse* durch.

Das Blut stammt zwar eindeutig von einem Mann, lässt sich aber momentan keiner bestimmten Person zuordnen. Greif also zum Smartphone, ruf *Claire* an und erzähl ihr von deiner neuen *Entdeckung zum Mörder* und dem *Blut des unbekannten Mannes.*

Die wichtigsten Entdeckungen hast du somit bereits gemacht, was aber nicht heißt, dass es hier nicht noch allerhand Fakten und Beweise zu finden gäbe. Da eine detaillierte Beschreibung all dieser Objekte den Rahmen dieses Buches sprengen würde, folgt hier eine Auflistung der Dinge, die du dir in der Leichenhalle und dem darunter gelegenen Todesparcours noch einmal genauer anschauen solltest. Da du diese Räumlichkeiten mit Paloma ja bereits kennen gelernt hast, solltest du dich eigentlich schnell zurechtfinden. Davon abgesehen erwartet dich im letzten Raum noch eine wirklich böse Überraschung, die sich gruselwillige Spieler nicht entgehen lassen sollten!

OPTIONALE ERMITTLUNGEN IN DER LEICHENHALLE

- *Farbspuren* an der *Zugemauerten Tür* am Ende der Leichenhalle (Digitales Mikroskop / Probentupfer / Chemische Analyse)
- *Blutfleck* auf dem *Obduktionstisch* (Probentupfer / Chemische Analyse / Datenbankanalyse)
- *Buchstabenkacheln* mit der Aufschrift „DEAD"

- Oberhalb der Buchstabenkacheln montierter *Countdown*
- *Leichenschubladen* – diese lassen sich mit den gleichen Codes wie zuvor über die *Codetafel* an der Tür öffnen (0113 / 0229 / 1022)

OPTIONALE ERMITTLUNGEN IM FLUR DES PARCOURS

- *Schleifspuren* auf dem zwischen dem Hirschgeweih und dem Spint gelegenen Boden

OPTIONALE ERMITTLUNGEN IN DER HINRICHTUNGSKAMMER

- *Bodensockel des Elektrischen Stuhls*
- *Inschriften der Türen* der bisherigen Opfer des Killers
- *Fingerabdrücke* auf dem *Hebel* im Innern des *Sicherungskastens* (Fingerabdruckpulver / 3D-Scanner / Datenbankanalyse)

OPTIONALE ERMITTLUNGEN IN DER ZELLE

- *Aufgebrochenes Schloss* der Zellentür
- *Blut* an den im Boden vor der Tür einbetonierten *Glasscherben* (Probentupfer / Chemische Analyse / Datenbankanalyse)
- *Sicherungskasten* an der Wand der Zelle
- *Elektronisches Halsband* unter dem Waschbecken
- *Kritzeleien* an der Wand neben dem Bett (Foto mit Smartphone / Übertragung ins CSIA-Kit / Datenbankanalyse)
- *"Too Late"-Schriftzug* über dem Bett
- *Bodengitter* unter dem Bett
- *Poster der Schauspielerin* an der Wand neben dem Schrank
- *Erste-Hilfe-Schrank* mit einer bösen *Überraschung* und einer *Nachricht des Killers*!!!

Die böse Überraschung im Erste-Hilfe-Schrank

Wenn du das Bett unter die Wand des Erste-Hilfe-Schranks schiebst, um an diesen heranzukommen und ihn zu öffnen, erwartet dich dabei eine böse Überraschung. Im Innern des Schranks lauert eine Giftschlange, die umgehend zubeißt und Vic vergiftet! Solltest du die Gegengift-Serumbox aus dem Badezimmer der 1. Etage bereits gefunden haben, solltest du Vic dieses nun umgehend einflößen, um sie so zu heilen. Falls nicht, bleiben dir nur wenige Minuten, um auf dem gleichen Weg, den du gekommen bist, zurück nach oben zu spurten und das Gegengift aus dem Erste-Hilfe-Schränkchen zu holen, bevor Vic tot zu Boden geht!

Zugang zur Dachterrasse des Hauses

Nachdem du deine Ermittlungen im Keller vorerst abgeschlossen hast, machst du dich mit dem *Abrisshammer* aus dem Heizungskeller im Gepäck wieder auf den Weg in die 1. Etage des Gebäudes und zerlegst mithilfe des Hammers das Scharnier des Schlosses der *Tür zur Dachterrasse* in seine Einzelteile.

Garris ist immer noch damit beschäftigt, das Schloss der anderen Tür zu knacken. Solltest du Palomas Halsband im Keller gefunden haben, kannst du dich nun von dem *Elektronikexperten* über das *Elektronische Halsband* und dessen Funktion aufklären lassen. Danach gehts durch die gewaltsam geöffnete Tür auf die Dachterrasse des Hauses.

Oben angelangt untersuchst du das seltsame *Gerät* am Geländer der Dachterrasse, welches sich bei genauerer Betrachtung als eine Art *Fernsteuerbarer Empfänger mit USB-Eingang* entpuppt. Nimm den *Computerschlüssel* aus deinem CSIA-Kit und steck ihn in das Gerät, um so die darin enthaltenen Daten auslesen und dann per *Computeranalyse* exakt analysieren zu können – auf dem Gerät war eine Störsoftware des Typs ADSX installiert. Wende deinen Blick nun auf die *Satellitenschüssel* des Gerätes und befördere den darauf klebenden *Kaugummi* mithilfe deiner *Probenzange* ins Beweismittelfach, um ihn dort einer *Chemischen Analyse* zu unterziehen. Da die DNA-Analyse kein aufschlussreiches Ergebnis liefert, rufst du *Claire* an und übermittelst ihr die Daten des Kaugummis.

Mach dich wieder auf den Weg nach unten und sprich mit *Garris* über deinen Fund auf der Dachterrasse. Der *Elektronikexperte* erklärt dir daraufhin, dass es sich bei dem Gerät um einen *Störsender* handelt, mit dem sich im Umkreis von 100 Metern um das Haus jegliches Telefongespräch stören lässt – echtes Hightech!

Ermittlungen im Labor des Hauses

Mit diesem Wissen machst du dich wieder auf den Weg zum Keller, um die auf der Kellertreppe befindliche Tür noch einmal etwas genauer zu inspizieren. Wenn du dir die *Metalltür* anschaust, stellst du fest, dass hinter den daneben angelehnten *Brettern* etwas versteckt zu sein scheint. Schieb die Bretter also zur Seite und nimm anschließend das *Elektronische Schloss* genauer unter die Lupe.

Nachdem du Sheriff Halloways Behinderung der Ermittlungen ja mittlerweile aufgedeckt und mit ihr darüber gesprochen hast, sollte sich der passende *Elektronische Schlüssel (rot)* ja bereits in deinem Inventar befinden. Nimm ihn also zur Hand und steck ihn in das *Elektronische Schloss*, um die Tür zu entriegeln. Öffne die Tür und folge der Treppe nach unten – der Weg führt dich durch die nächste Tür direkt ins geheime Labor des Hauses.

Wende dich zunächst einmal dem kleinen **Schreibtisch** zu und schau dir die darauf herumliegenden Sachen an: eine **Kopie der Obduktionsberichte der Opfer des Killers**, **Palomas Schuhe** und die auf dem Regal, das sich über dem Tisch befindet, liegenden **CDs** und **DVDs**. Willst du dir die Untersuchungen mit etwas Musik versüßen, kannst du bei Bedarf natürlich auch die **Stereoanlage** einschalten – den abnehmbaren Lautsprecher lässt du aber vorerst besser an Ort und Stelle. Öffne anschließend die mittlere **Schreibtischschublade** und schau dir die darin aufbewahrte **Doktorarbeit der USC-Universität** an.

Wenn du willst, kannst du dir nun noch den **Obduktionstisch** und den darauf befindlichen **Blutfleck** anschauen. Nimm mit dem **Probentupfer** eine **Blutprobe**. Danach öffnest du die **Leichenschublade** und betrachtest die darin deponierte **Leiche** – oh Gott, ihr wurde eine Hand abgehackt! Nimm mithilfe der **Probenzange** eine **Hautprobe** vom abgehackten Handgelenk der Frau und wende dich danach dem weiter rechts befindlichen **Chemikalienregal** zu.

An der gegenüber dem Regal gelegenen Wand findest du neben einer weiteren mit einem elektronischen Schloss gesicherten Tür auch noch einen verschlossenen **Schrank**. Im Gegensatz zur Tür lässt sich der Schrank mithilfe deines **Schlossknackers** ganz einfach öffnen. Im Innern nimmst du den im obersten Fach gelagerten **Karton** etwas genauer unter die

Lupe. Benutz dein **Spurensicherungsspray**, um die **Blutspritzer** sichtbar zu machen und greif dann zum **Probentupfer**, um eine weitere **Blutprobe** zu nehmen. Wirf anschließend noch einen Blick auf die **Kittel** im unteren Teil des Schrankes und beginne dann mit der Analyse der im Labor gefundenen Spuren.

Nachdem du sichergestellt hast, dass du alle verfügbaren Infos vom Smartphone auf das CSIA-Kit übertragen und alle bisher gesammelten Beweisstücke soweit wie möglich analysiert hast, greifst du zum Smartphone und rufst deine Freundin **Claire** an. Weihe sie in all deine **Entdeckungen zum Mörder** ein und bitte sie, die noch fehlenden Puzzlestücke für dich zu analysieren.

Ist dies erledigt, schaust du dir noch die neben dem Schreibtisch gelagerte **Tierschädel-Sammlung** und das rechts daneben befindliche **Bücherregal** an. Danach wendest du dich endlich dem **Computertisch** zu.

Schalte den ***Computer*** ein und versuch danach über den ***Monitor*** darauf zuzugreifen und dich mit dem ***Benutzernamen: Mörder*** einzuloggen. Da du das richtige Passwort nicht kennst, bleibt dir der Zugriff jedoch vorerst verwehrt.

Mithilfe des ***Computerschlüssels*** aus deinem CSIA-Kit liest du nun die verschlüsselten Daten aus dem ***Computer*** aus und führst anschließend eine ***Computer-Analyse*** durch. Da das Passwort zu sicher ist, um es auf diese Weise zu knacken, ist es vielleicht ratsam, sich ein weiteres Mal mit dem Computerexperten Garris über das Problem zu unterhalten.

Mach dich also wieder auf den Weg in die 1. Etage. Dort angelangt teilt Garris dir auch schon freudig mit, dass er es endlich geschafft hat, das Schloss der verrußten Tür zu knacken – Vic und Garris betreten daraufhin automatisch den dahintergelegenen Raum.

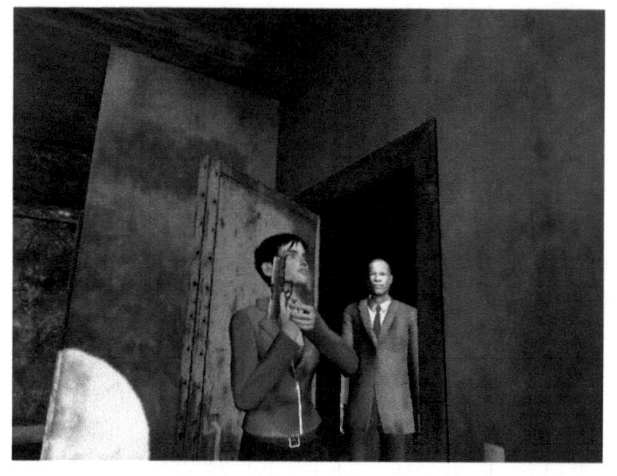

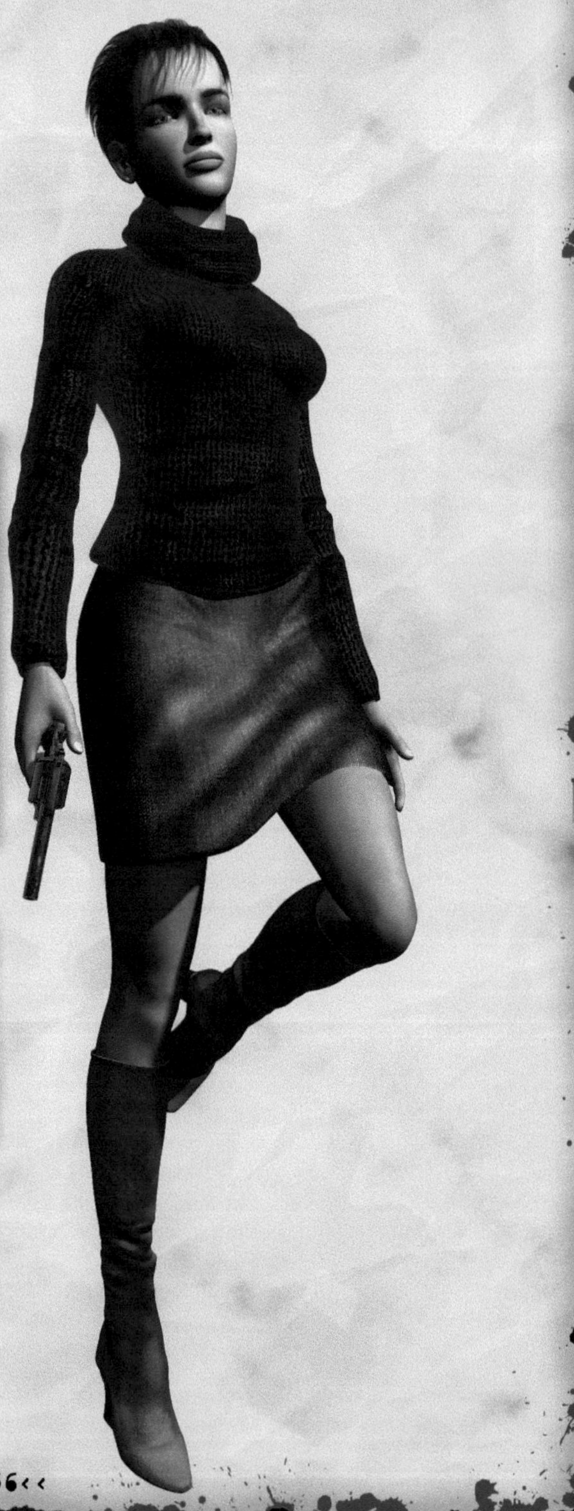

HINWEIS

Garris und die verrußte Tür

Garris wird die Tür erst knacken, nachdem Claire Vic per Telefonanruf den Namen des Killers verraten hat. Ist dies noch nicht geschehen, solltest du noch einmal überprüfen, ob du auch wirklich alle Hinweise zum Mörder gefunden und Claire davon Bericht erstattet hast!

Durchsuchung von Richards Atelier

Die Szene wechselt ins Jahr 2005. Vic betritt Richards privates Studio im Keller des Ateliers. Da es noch ein wenig dauert, bis Vics Freund eintrifft, bleibt dir nun genug Zeit, dich ein wenig umzuschauen. Frauen sind ja bekanntlich neugierig und Vic wusste bisher noch nicht einmal, dass Richard ein eigenes Studio besitzt – geschweige denn, dass er sich selbst als Künstler betätigt.

Schau dir zunächst das an der vor dir gelegenen Wand stehende *Ackerman-Gemälde* an und wende dich dann der rechts daneben auf dem Hocker stehenden *Skulptur* zu.

Wende dich nun dem *Tisch* an der rechten Wand zu und nimm das **Scharfe Modellierwerkzeug** an dich. Danach betrachtest du *Vladannas Zeichnung des Chicago-Killers*, von der du mit dem *Smartphone* umgehend ein Foto schießen solltest. Schau dir das Foto in deinem Smartphone an und wende dich dann dem Regal zu.

Im oberen Fach des rechts vom Tisch stehenden *Regals* findest du ein *Foto von Richard und seiner Mutter*. Schau es dir an und wirf dann einen Blick auf den verschlossenen *Aktenschrank*, der hier rechts vom Regal an der Wand steht – leider fest verschlossen!

Begib dich zur Treppe im Eingangsbereich des Studios, wo du nahe dem an der hinteren Wand montierten *Waschbecken* einen weiteren Arbeitstisch entdecken kannst, auf dem ein **Flexibles Modellierwerkzeug** herumliegt. Nimm es an dich und kombiniere es im Inventar mit dem *Scharfen Modellierwerkzeug*, um dir so einen **Improvisierten Dietrich** zu basteln.

Mithilfe des *Improvisierten Dietrichs* knackst du nun das *Schloss des Aktenschranks*. In der oberen Schublade findest du nun einen *Stapel handgeschriebener Briefe*, die du anschließend der Reihe nach (2x) in dein *Smartphone* einscannen und dort betrachten solltest. Danach öffnest du die mittlere Schublade, schaust dir die *Seite von Ackermans Geständnis* an und scannst diese dann ebenfalls mit deinem *Smartphone*.

Ist dies erledigt, wendest du dich dem verschlossenen *Kleiderschrank* an der linken Wand des Studios zu. Knack den Schrank mithilfe deines *Improvisierten Dietrichs* und schieb den *Haufen Lumpen* im unteren Fach des Schrankes zur Seite, um so in der oberen rechten Hälfte des Fachs das *Stück schwarzen Stoffs* frei zu legen. Sobald du den **Umhang des Mörders** an dich nimmst, erscheint auch schon Richard auf der Bildfläche.

Unterhalte dich mit *Richard* über alles, was du bisher herausgefunden hast. Sobald du ihn darauf ansprichst, dass du ihn für den *Schuldigen der Morde* hältst, zeigt Richard dir sein wahres Gesicht ... doch da erwacht Vic auch schon wieder aus ihrem Wachtraum und die Szene wechselt zum heutigen Tag.

WIEDERVEREINIGUNG (2008)

Der ausgebrannte Überwachungsraum

Nachdem Garris die verrußte Tür geknackt hat, macht er sich wieder auf den Weg nach draußen, während Vic sich mit der Untersuchung des ausgebrannten Zimmers befasst. Wirf zunächst einen Blick auf den verschlossenen *Aufzugschacht*, die *Verkohlten Videokassetten* und die *Verrußte Wand* – offenbar war dies der Brandherd.

Wende dich anschließend den Überresten des Bettes zu und betrachte die *Verbrannten Poster* an der Wand. Links davon kannst du einen *Tisch* mit einer *Überwachungskonsole* entdecken – die Konsole hängt zwar nicht am Strom, sieht aber so aus, als könnte sie noch funktionieren.

Wenn du den neben der Konsole herumliegenden *Ziffernblock* genauer betrachtest, stellst du fest, dass zuvor bereits jemand versucht hat, die Konsole zu reparieren. Heb den unter dem Tisch befindlichen *Transformator ohne Kabel* auf und wirf dann noch einen Blick auf die links neben dem Tisch befindliche *Steckdose* – sie scheint ebenfalls noch gut in Schuss zu sein. Jetzt fehlt dir eigentlich nur noch ein „Elektronikexperte", der den ganzen Spaß wieder zusammensetzt!

Bevor du dich darum kümmerst, schaust du dir noch kurz das *Verbrannte Gemälde* über dem Tisch an und schnappst dir dann den zwischen dem *Ofen* und der Balkontür herumstehenden *Schürhaken*. Nachdem du dir die *Balkontür* angeschaut und vergeblich versucht hast sie zu öffnen, nimmst du deinen *Schlossknacker* zur Hilfe und schreitest durch die soeben geknackte Tür auf den Balkon.

Draußen angelangt, betrachtest du den linken Teil des **Balkongeländers** etwas genauer, identifizierst die darauf zu erkennenden **Spuren** mithilfe des **Spurensicherungssprays** aus dem CSIA-Kit als Blut und nimmst dann mit dem **Probentupfer** eine Probe davon. Vergiss nicht, das Beweismittel ausgiebig zu analysieren. Das Blut stammt von einer Person, die bereits seit Anfang des Jahres vermisst wird – ein Mann namens Gary Anderson!

Nachdem du hier vorerst alles erledigt hast, machst du dich wieder auf den Weg ins Erdgeschoss des Hauses.

Hawkers Ankunft

Da sich draußen etwas zu tun scheint, verlässt Vic nun automatisch das Haus und beobachtet, wie ihr ehemaliger Partner, James Hawker, auf dem Gelände eintrifft. Unterhalte dich zunächst mit **Garris** über die **Untersuchungen** im Fall David Karson und **Sheriff Halloway** und bitte den **Elektronikexperten** dann, sich die **Überwachungskonsole** in der 1. Etage anzuschauen, woraufhin er sich umgehend auf den Weg macht, um sich des Problems anzunehmen (den Hinweis auf den „Gesperrten Computer" im Labor hebst du dir für später auf).

Nachdem Garris gegangen ist, sprichst du mit **Hawker** über den Fall, seine Rolle als mysteriöser Informant und alle sonstigen zur Verfügung stehenden Themen. Nachdem die Konversation beendet ist, macht sich Hawker auf den Weg ins Wohnzimmer des Hauses.

Folge **Hawker** und rede im Wohnzimmer erneut mit deinem Ex-Partner. Nachdem du dich mit ihm über das Haus und die Ermittlungen ausgetauscht hast, begibst du dich in die Küche, um dich dort mit Sheriff Halloway zu unterhalten.

Wenn du dich mit **Sheriff Halloway** über das **Haus** und den **Fall Anderson** unterhältst, erklärt sie dir, dass die Unterlagen zum Haus bereits beim Grundbuchamt angefordert wurden, aber noch nicht eingetroffen sind. Des Weiteren erfährst du, dass Kate im Kofferraum ihres Polizeiautos einen Metalldetektor aufbewahrt. Nach einem kurzen **Austausch von Freundlichkeiten**, bittet sie dich, ihr im Fall Anderson behilflich zu sein, woraufhin sie dann im Gegenzug die Angelegenheit mit dem Grundbuchamt beschleunigen will – eine Hand wäscht also die andere. Da du **Andersons Blut** ja bereits auf dem Balkongeländer gefunden und analysiert hast, erzählst du Kate nun von diesem Fund. Deine „Kollegin" hält Wort und ruft umgehend beim Grundbuchamt an ... und kurz darauf erfährst du etwas äußerst Interessantes: Unter dem Haus wurde in den 50er Jahren ein Atombunker errichtet! Und genau diesen gilt es nun zu finden!

Platz im Inventar schaffen
Bevor du dich auf die Suche nach dem Eingang des Atombunkers machst, solltest du im Küchenschrank zunächst einmal alle nicht wirklich benötigten Objekte ablegen (z.B. den Abrisshammer, den elektronischen Schlüssel und den nassen Schwamm), um so wieder etwas Platz in deinem Inventar zu schaffen.

Die Suche nach dem Eingang des Bunkers

Nachdem du von der Existenz des Atombunkers erfahren hast, unterhältst du dich mit *Sheriff Halloway* noch einmal über den *Metalldetektor*, woraufhin Kate dir den **Schlüssel zum Wagen des Sheriffs** überreicht.

So ausgestattet begibst du dich wieder auf den Vorhof des Hauses, öffnest den *Kofferraum des Polizeiautos* und nimmst den *Metalldetektor* heraus. Die Bedienungsanleitung für die *Metalldetektor-Einstellungen* ist im Gerät gespeichert und wird automatisch auf dein Smartphone übertragen, sodass du dir diese bei Bedarf jederzeit aufs Neue durchlesen kannst.

Metalldetektor-Suche

Wenn du den Metalldetektor eingeschaltet hast und mit der Maus über ein Objekt fährst, das sich mithilfe dieses Gerätes untersuchen lässt, verwandelt sich der Mauszeiger in ein Radarsymbol. Um ein erfolgreiches Ergebnis zu erhalten, musst du dabei gegebenenfalls die Einstellung der Metalldetektor-Stufe Schritt für Schritt anpassen und dein Glück danach jeweils aufs Neue versuchen. Auf diese Weise lassen sich neben dem Polizeiauto, einer Hand voll rostiger Nägel (rechts von der Verandatreppe) und dem Tor auch noch einige andere Gegenstände untersuchen, die aber allesamt keine richtige Bedeutung haben.

Mit dem Metalldetektor im Gepäck marschierst du nun wieder zum Hinterhof des Hauses. Falls du Garris noch nicht gebeten hast, die Überwachungskonsole zu reparieren, findest du ihn jetzt am Durchgang zum Hinterhof und kannst dies nun nachholen. Auf dem Hinterhof angelangt, postierst du dich in der Nähe der beiden metallenen Tonnen, öffnest dein Inventar und klickst 3x auf das links unter Vics FBI-Ausweis befindliche Symbolbild des Metalldetektors, um diesen so mit der *Metalldetektor: Stufe 3* einzuschalten.

Nimm den *Metalldetektor* nun aus deinem Inventar und untersuche mit diesem in der Hand die graue *Alu-Tonne*. Auf Stufe 3 sollte das Gerät eigentlich nur bei großen eisenhaltigen Objekten ausschlagen – aber nicht bei einer Alu-Tonne! Seltsam, oder? Um der Sache auf den Grund zu gehen, hebt Vic die Tonne nun automatisch zur Seite und legt den darunter verborgenen Bretterverschlag frei.

Wenn du die *Bretter* nun mithilfe deines *Schürhakens* (aus dem Überwachungsraum) aus dem Boden reißt, findest du darunter die erste der beiden von Kate erwähnten *Eingangsluken des Atombunkers*!

Nachdem du vergeblich versucht hast, die *Luke* zu öffnen, schaust du dir diese noch einmal genauer an. Direkt neben der Luke liegt eine kleine *Platte mit der Aufschrift H103123*.

Mit diesem Wissen machst du dich wieder auf den Weg zum Überwachungsraum, um dort nachzuschauen, ob Garris mittlerweile Fortschritte mit der Reparatur der Überwachungskonsole gemacht hat. Vergiss unterwegs aber nicht, den **Metalldetektor** im **Küchenschrank** zu deponieren, um so wieder etwas Platz in deinem Inventar zu schaffen!

Reparatur der Überwachungskonsole

Wieder im ausgebrannten Überwachungsraum in der 1. Etage angelangt, redest du mit *Garris*, der dich nun bittet, ihm eine **Technische Anleitung** für die Überwachungskonsole zu besorgen. Woher? Na, aus dem Internet! Erinnerst du dich noch an den Computer im Labor? Der hatte doch auch einen Internetanschluss. Zu dumm nur, dass du das Kennwort des Killers nicht kennst!

Solltest du zuvor bereits erfolglos versucht haben, auf den Computer im Labor zuzugreifen, kannst du *Garris*, den **Elektronikexperten**, nun auf den **Gesperrten Computer** ansprechen. Da er zwar ein Elektronik- aber kein Computerspezialist ist, kann er dir in dieser Angelegenheit aber leider auch nicht weiterhelfen.

Zugriff auf den Laborcomputer

Mach dich wieder auf den Rückweg zum geheimen Labor im Keller des Hauses und setz dich dort ein weiteres Mal an den **Computer**. Da keines der Vic im Kopf herumschwirrenden Kennwörter zu funktionieren scheint, rufst du nun deine Freundin *Claire* an. Wenn du dir zuvor Hawkers Akte in deinem Smartphone durchgelesen hast, kannst du nun mit ihr über *James Hawker* reden. Wie du erfährst, hat Hawker nach seiner Kündigung als Sicherheitsexperte gearbeitet – vielleicht weiß er ja, wie man das Kennwort des Compters knackt?

Begib dich also wieder ins Wohnzimmer und rede dort erneut mit *Hawker*.

Während du dich mit deinem Ex-Partner über alle zur Verfügung stehenden Themen unterhältst, stehst du irgendwann vor der Qual der Wahl, den Ton zu verschärfen, oder die Gesprächssituation zu beruhigen. Wie du dich entscheidest, bleibt dir überlassen. Im Endeffekt endet das Gespräch auf jeden Fall im Streit und du musst dich wohl oder übel damit abfinden, dass er dir seine Fähigkeiten als Computerhacker erst anbietet, nachdem du dich bei ihm entschuldigt und endlich Frieden mit ihm geschlossen hast!

Nachdem du mit *Hawker* über den *Gesperrten Computer* geredet hast, machen sich Vic und ihr Ex-Partner umgehend auf den Weg ins Labor. Bereits nach wenigen Minuten hat Hawker das Kennwort des Laborrechners geknackt.

Klemm dich hinter den **Computer-Monitor** und führ eine **Internetsuche** zur **Technischen Anleitung Fisheye Modell 460-F01** und zur Schauspielerin **Veronica Lake** durch. Die Anleitung für die Überwachungskamera wird dabei umgehend an den rechts vom Labor-PC stehenden **Drucker** übertragen und ausgedruckt. Schnapp dir die **Gedruckte Bedienungsanleitung** und setz die Untersuchungen am Computer dann fort.

Im *Menü: Fotos und Videos* kannst du dir neben einigen *Fotos* der Opfer auch noch ein auf den heutigen Tag datiertes *Video vom 24. Okt. 2008 (3:56)* anschauen.

Die restlichen Menüs des Labor-PCs hebst du dir für später auf – jetzt ist es erst einmal an der Zeit, dich um das Überwachungssystem im ausgebrannten Zimmer zu kümmern. Da du gerade hier bist, schnappst du dir den *Lautsprecher* vom Schreibtisch des Labors und verstaust dann das auf dem links davon herumstehenden Aktenschrank liegende *Transformator-Elektrokabel* in deinem Inventar.

Die Überwachungskonsole

Wieder im ausgebrannten Überwachungsraum angelangt, unterhältst du dich mit *Garris* und überreichst ihm die *Technische Anleitung.* So ausgestattet kann Garris die Konsole zumindest so weit reparieren, dass zwar kein Bild, aber zumindest der Ton wiedergegeben werden kann.

Öffne nun dein Inventar und kombiniere den *Transformator ohne Kabel* mit dem *Transformator-Elektrokabel,* um so einen funktionstüchtigen *Transformator mit Kabel* zu erhalten, den du danach umgehend an die *Überwachungskonsole* anschließt. Danach nimmst du den im Labor gefundenen *Lautsprecher* aus deinem Inventar und schließt diesen am rechten Teil der *Überwachungskonsole* an – jetzt ist das Gerät endlich wieder einsatzfähig!

Tippe nun auf der Tastatur der *Überwachungskonsole* herum, bis du nach einigem Rauschen plötzlich *Palomas Stimme* hören kannst. Verwende anschließend dein *Smartphone,* um den Mitschnitt der *Stimme mit unverständlichen Hintergrundgeräuschen* darauf zu überspielen und übertrage die Daten dann ins CSIA-Kit, um sie dort ausgiebig zu analysieren.

Ermittlungsdaten mit Claire abgleichen!

Versichere dich zu diesem Zeitpunkt noch einmal, dass du wirklich alle Räumlichkeiten des Hauses und Kellers ausgiebig durchsucht hast, die gefundenen Beweisstücke gegebenenfalls ins Test-Kit übertragen, bestmöglich analysiert und noch offene Fragen an Claire übermittelt hast. Falls nicht, wirst du später keine Gelegenheit mehr dazu bekommen! Unter Umständen fehlen dir sonst später wichtige Informationen, die dir das weitere Vorankommen gegebenenfalls deutlich vereinfachen würden – z. B. Claires Kit-Updates zum Kaugummi und der Motorrad-Reifenspur, die ja mittlerweile eigentlich schon per SMS bei dir eingetroffen sein sollten!

Zugang zum Bunker

Nachdem du sichergestellt hast, dass du deine Ermittlungen im Haus, dem Vor- und Hinterhof und im Keller vollständig abgeschlossen hast, machst du dich wieder auf den Weg zum Labor und widmest dich dort erneut dem **Computer-Monitor** Öffne zunächst das **Menü: Überwachungskameras** und wähle dort die **Kameras: Gruppe 6** aus ... wahrhaftig ... die Kameras zeigen eine Liveübertragung aus dem Bunker!

Nachdem du dir die Übertragung angeschaut hast, wechselst du ins **Menü: Codes** und versuchst die darin enthaltene **Textdatei** zu öffnen. Da diese verschlüsselt ist und nicht gelesen werden kann, klinkst du dich wieder aus und steckst den **Computerschlüssel** aus deinem CSIA-Kit in den **Computer**.

Die Textdatei wird nun dank der auf dem USB-Stick installierten Hacker-Tools automatisch entschlüsselt, sodass du nun ungehindert über das entsprechende Menü des Labor-PCs auf die **Dechiffrierte Textdatei** zugreifen und die darin gespeicherten Kennwörter lesen kannst. Den Inhalt solltest du dir gut einprägen – die Codes enthalten Hinweise, die nicht nur jetzt, sondern auch später noch von Bedeutung sein werden!

Öffne nun das **Menü: Zugangskontrolle** und wähle die **Östliche Luke (verschlossen)** aus. Laut der Codeliste setzt sich das Kennwort für den Zugriff auf die Luke wie folgt zusammen: „Hinweis + D55". Den Hinweis hast du bereits auf dem kleinen Schild der Bunkerluke auf dem Hinterhof gefunden. Das richtige Kennwort lautet in diesem Fall also **H103123D55**. Nachdem du es eingegeben hast, öffnet sich die Luke, sodass deinem Weg ins Innere des Bunkers eigentlich nichts mehr im Wege steht. Die Betonung liegt hier eindeutig auf EIGENTLICH ... denn ... sobald du dich wieder auf den Weg nach oben machst, um gemeinsam mit deinen Kollegen den Bunker zu stürmen, wirst du auf dem Vorhof des Hauses eine wirklich BÖSE ÜBERASCHUNG erleben!

Richards Verhör

Die Szene wechselt wieder ins Jahr 2005. Victoria steht mit Richard in dessen Atelier. Um sicherzustellen, dass du bei deinen vorangegangenen Untersuchungen auch wirklich nichts übersehen hast, kannst du dich nun noch einmal in aller Ruhe umschauen. Während du dir in Richards Gegenwart das an die Wand gelehnte *Ackerman-Gemälde*, die *Skulptur*, *Vladannas Zeichnung des Chicago-Killers* und das *Foto von Richard und seiner Mutter* anschaust, wird er dir zu jedem der Stücke eine kurze Erklärung liefern und dir so einen tieferen Blick in seine kranke Psyche gewähren.

Wie dieses Ergebnis genau aussieht? Nun ja ... feurig! Alles Weitere wirst du später erfahren, denn nun wechselt die Szene wieder zum heutigen Tag ...

Sobald du genug gesehen und gehört hast, sprichst du *Richard* an und beginnst mit dem Verhör deines „Freundes". Sprich mit ihm über alle verfügbaren Themen, bis dir schließlich nichts Anderes übrig bleibt, als ihm mit seiner Neutralisierung zu drohen. Danach stehst du vor der Wahl, ihn davon zu überzeugen, sich freiwillig zu ergeben, oder ihn gewaltsam an die Behörden zu übergeben. Doch wie du dich auch entscheidest, das Ergebnis bleibt das Gleiche!

Palomas Flucht aus der Bunkerzelle

Als Paloma in ihrer Zelle inmitten des Bunkers erwacht, bekommt sie gerade noch mit, wie der Killer die bewusstlose Victoria durch den Gang in eine der Nachbarzellen schleppt. Nachdem er sie dort eingesperrt hat, wendet er sich Palomas Zelle zu und eröffnet das Gespräch mit der Reporterin. Rede mit dem *Killer* über Paloma und Vic, seine Absichten und James Hawker. Nachdem er gegangen ist, solltest du umgehend damit beginnen, dich nach einer Fluchtmöglichkeit aus der Zelle umzuschauen.

Da sich die *Zellentür* nicht öffnen lässt, wirfst du einen Blick durch die darin befindliche *Luke*. Auf der dir gegenüberliegenden Seite des Flures kannst du eine weitere Zelle entdecken. Wenn du durch die Gitterstäbe hindurchrufst, meldet sich plötzlich der darin gefangene *Mann* zu Wort. Im Gespräch mit „Gary Anderson" (der bereits seit knapp einem Jahr als vermisst gilt) erfährst du, dass der Luftschacht deiner Zelle eventuell eine Fluchtmöglichkeit darstellen könnte und er wirft dir eine Gabel zu, mit der sich das Gitter eigentlich öffnen lassen sollte. Leider

kann Paloma die Gabel nicht fangen, sodass diese direkt vor ihrer Zellentür auf dem Boden landet. Da du die *Gabel* mit bloßen Händen nicht erreichen kannst, schaust du dich nun erst einmal in deiner Zelle um.

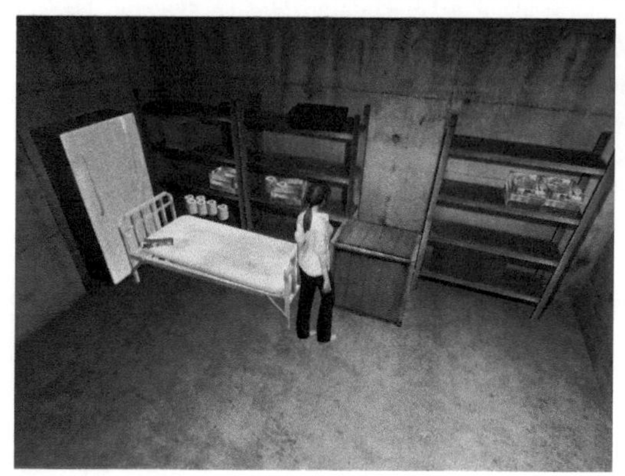

Zieh die vor deinem Bett herumstehende *Kiste* in die Mitte des Raumes und schnapp dir anschließend das dahinter verborgene *Metallrohr*. Danach schiebst du das *Bett* etwas weiter nach rechts, schaust dir die *Kekspackung* an und nimmst die **Schnur** aus dem Regal. Da der metallene *Schrank* fest verschlossen ist, hebelst du ihn mithilfe des *Metallrohrs* auf und nimmst sowohl die darin aufbewahrte **Plastikdose** als auch den vor der Schranktür auf den Boden gefallenen **Magneten** an dich.

So ausgestattet schiebst du das Bett wieder nach links und betrachtest den zwischen den beiden Regalen gelegenen *Riss in der Wand* etwas genauer. Nimm deinen *Magneten* zur Hand, um mit dessen Hilfe den inmitten des Risses eingeklemmten **Ring** aus der Wand in dein Inventar zu befördern.

Öffne nun dein Inventar und kombiniere dort die *Schnur* mit dem *Magneten*, um dir so aus **Schnur und Magnet** eine Art Behelfsangel zu basteln. So ausgerüstet schaust du erneut durch die *Luke der Zellentür*, greifst zu *Schnur und Magnet* und angelst dir die **Gabel**.

Mit der Gabel im Gepäck betrachtest du das an der rechts der Zellentür gelegenen Wand befindliche *Gitter* des Lüftungsschachts und den darunter gelegenen *Boden*. Wenn du hier die große *Plastikdose* abstellst, kannst du über diese problemlos zum *Gitter* klettern und dieses mithilfe deiner *Gabel* aus der Wand schrauben.

Nachdem du die beiden *Schrauben* gelöst und das *Gitter* auf den Boden geworfen hast, kletterst du durch den *Luftschacht* auf direktem Weg in den Flur des Zellentraktes.

Absicherung des Zellentraktes

Dein nächstes Ziel besteht darin, Vic zu finden und die FBI-Agentin zu befreien. Bevor du dich darum kümmerst, solltest du aber zunächst einmal dafür sorgen, dass dir der Killer unterdessen nicht in die Quere kommen kann. Kümmere dich also vorerst nicht um die anderen Zellen, sondern begib dich geradewegs zu der vor dir gelegenen Leiter.

In der Ecke des Zellengangs kannst du neben der Leiter den *Schalter* zum Ver- und Entriegeln der Bunkerluke entdecken. Drück den grünen *Knopf*, um die Luke zu entriegeln und kletter dann über die *Leiter* nach oben.

Sobald Paloma den Kopf aus der Luke im Hinterhof des Hauses steckt, eröffnet der Killer auch schon das Feuer. Verwundet machst du dich umgehend auf den Rückweg nach unten und verriegelst die Luke mithilfe des roten *Knopfs*, um so dafür zu sorgen, dass dir der Killer nicht folgen kann.

Verwundungen & Tod

Von nun an kann es an verschiedenen Stellen des Abenteuers vorkommen, dass deine Protagonistin verwundet wird. Der Bildschirm beginnt daraufhin, rot zu blinken. Halte in solchen Fällen Ausschau nach einem Erst-Hilfe-Kasten. Solche enthalten in der Regel Medikamente, mit denen du deine Protagonisten schnell wieder kurieren kannst. Fängst du dir mehrere Verwundungen nacheinander ein, ohne deine Protagonistin zu heilen, bedeutet dies den sicheren Tod!

Im rechts der Leiter befindlichen Gang findest du neben einem *Schrank* zum Lagern aktuell nicht benötigter Gegenstände auch noch ein *Erste-Hilfe-Schränkchen*. Nimm den **Erste-Hilfe-Koffer** heraus und lass Paloma eine der drei darin befindlichen Heilrationen anwenden, um die angeschlagene Reporterin zu heilen. Danach schaust du dir die leere *Amphetamin-Schachtel* an und schnappst dir das **Farbige Desinfektionsspray**.

Die am Ende dieses Abschnitts gelegene Tür ist fest verriegelt. Schau dir die direkt darüber montierte *Überwachungskamera* an und besprüh diese mit deinem *Farbigen Desinfektionsspray*. Auf die gleiche Weise setzt du nun noch die restlichen *Überwachungskameras* (an der Leiter und an der Tür am anderen Ende des Zellengangs) außer Kraft – jetzt kann dich der Killer endlich nicht mehr beobachten!

Schau dir nun die mit einem *Elektronischen Schloss* versehene *Tür am Ende des Zellengangs* an und verrammle diese mithilfe deines *Metallrohres*. Damit sollten alle Zugänge zum Zellentrakt ausreichend gesichert sein, sodass du dich nun endlich in Ruhe um Vic kümmern kannst!

Vics Befreiung

Vic wird in der direkt neben der soeben verrammelten Tür befindlichen Zelle festgehalten. Schau dir die *Codetafel von Vics Zellentür* an und schau dann durch die *Luke der Zellentür*. Durch die Luke kannst du Vic erkennen, die hier völlig benommen in ihrer Zelle hockt. Unterhalte dich mit *Vic* über alle zur Verfügung stehenden Themen – insbesondere das *Digitale Schloss*. Vic bittet dich daraufhin, den Code der Zellentür zu knacken und erklärt dir schlaftrunken, was sie anhand der im Laborcomputer gespeicherten Textdatei über die vom Killer angelegten Codes und Kennwörter herausgefunden hat.

Nachdem das Gespräch beendet ist, begibst du dich zur Zelle des Mannes. Wenn du dich mit *Gary Anderson* über das *Digitale*

Schloss unterhältst, erhältst du von ihm ein paar weitere Tipps, die dir das Knacken der Codes der Zellentüren mit Sicherheit deutlich vereinfachen werden.

Die Zellencodes

In der Textdatei aus dem Laborcomputer waren die Codes für die Zellentüren des Bunkers bereits abzulesen – allerdings in verschlüsselter Form. Vic war dort als „Victoria: STANTON" eingetragen und Paloma als „Paloma: MARTIN". Laut der Aussage des Gefangenen bestehen die Codes aus 5 bis 6 Zahlen. Der Code zu Palomas Zellentür beginnt mit einer 4 und endet mit einer 5. Zur Lösung des Rätsels müssen die 26 Buchstaben des Alphabets lediglich der Reihe nach (entsprechend des Nummernblocks der Codetafel) mit Zahlen von 1-9 durchnummeriert werden: A=1, B=2, C=3 ... I=9, J=1, K=2, L=3, M=4 ... R=9, S=1, T=2 usw.

Begib dich wieder zur *Codetafel von Vics Zellentür* und gib den Code für STANTON ein. Er lautet: *1-2-1-5-2-6-5*. Bestätige die Eingabe mit OK und betritt anschließend die Zelle, um dich erneut mit *Vic* zu unterhalten. Da das Betäubungsmittel des Killers offenbar immer noch seine volle Wirkung zeigt und Vic alles andere als bei vollem Verstand zu sein scheint, gilt es, die FBI-Agentin nun erst einmal wieder auf die Beine zu bringen.

Hattest du zuvor nicht eine leere Amphetamin-Schachtel im Erste-Hilfe-Schrank des Flures gefunden? So ein Aufputschmittel könntest du nun bestimmt gut gebrauchen! Mach dich also wieder auf den Weg zu *Gary Andersons* Zelle und sprich mit ihm über die *Amphetamine*. Anderson besitzt zwar noch eine Tablette, will dir das Aufputschmittel aber nur überlassen, wenn du ihm dafür einen Gefallen tust: Du sollst ihm den Ring bringen, den er während seiner Gefangenschaft in Palomas Zelle verloren hatte. Unterhalte dich mit Gary zunächst über die *Namen auf dem Ring* und händige ihm den *Ring* anschließend aus – im Gegenzug überreicht er dir nun seine letzten *Amphetaminpillen*.

Palomas Zellentür

Solltest du den Ring zuvor noch nicht eingesammelt haben, musst du nun auch noch Palomas Zellentür knacken, um an diesen heranzukommen. Der übersetzte Code für MARTIN lautet wie folgt: I 4-1-9-2-9-5.

So ausgestattet machst du dich wieder auf den Weg zu *Vic* und überreichst ihr während eines weiteren Gesprächs die *Amphetamine*. Nachdem Vic nun endlich wieder zu sich gekommen ist, schlüpfst du auch schon wieder in die Rolle der FBI-Agentin.

Vic & Palomas unerledigte Aufgaben

Paloma legt ihre Gegenstände nach Vics Rettung automatisch im Schrank des Bunkerflurs ab, sodass Vic sich diese bei Bedarf jederzeit dort abholen kann. Sollte Paloma den Bunkertrakt noch nicht abgesichert und die Überwachungskameras noch nicht außer Kraft gesetzt haben, kann Vic sich die dazu benötigten Gegenstände nun also holen und den Job nachträglich zu Ende bringen.

dich. Nachdem die drei Überwachungskameras des Zellentraktes ja mittlerweile außer Kraft gesetzt sein sollten, sodass der Killer dein Vorgehen nicht beobachten kann, kannst du es nun endlich wagen, die **Bunkerluke** mithilfe des neben der Leiter befindlichen **Knopfes** zu entriegeln und dann über die **Leiter** auf den Hinterhof des Hauses zu klettern. Paloma fühlt sich zwar nicht ganz wohl dabei, verbleibt aber trotzdem gemeinsam mit dem Gefangenen im Bunker, während Vic versucht, draußen nach dem Rechten zu sehen und Hilfe herbeizurufen.

Vics Erkundung des Bunkers

Unterhalte dich mit **Paloma** über alle verfügbaren Themen und schau dich dann ein wenig im Innern deiner Zelle um. Nimm die **Lebkuchen** vom Tisch und schnapp dir anschließend den links daneben herumstehenden **Metalldetektor**. So ausgerüstet verlässt du die Zelle, um mit Paloma im Schlepptau den Rest des Bunkers zu erkunden.

Falls noch nicht geschehen, betrachtest du die **Codetafel von Palomas Zellentür** und öffnest diese durch Eingabe des folgenden Codes: **4-1-9-2-9-5**. Da es im Innern mit Ausnahme des aus dem Lüftungsschacht gerissenen **Gitters** nichts Interessantes zu entdecken gibt, wendest du dich anschließend dem in der gegenüberliegenden Zelle gefangenen Mann zu.

Unterhalte dich mit **Gary Anderson** und überreiche ihm den **Lebkuchen**, damit er nicht verhungert, während du versuchst, nach einem Ausweg aus diesem Schlamassel zu suchen. Nachdem du seinen Hunger vorübergehend gestillt hast, redest du mit ihm über alle zur Verfügung stehenden Themen und setzt deine Erkundung des Bunkers dann fort.

Begib dich zum **Schrank** am anderen Ende des Flures und nimm Palomas **Gabel** und das **Farbige Desinfektionsspray** an

Rückweg ins Haus

Nachdem Vic aus der Bunkerluke herausgeklettert ist, musst du auch schon mit Entsetzen feststellen, dass der Killer allem Anschein nach auch Hawker erwischt hat. Betrachte die hinter dem Zaun *Aufgehängte Leiche* und greif dann zum Smartphone, um *Claire* anzurufen und Hilfe zu holen. Doch da erwartet dich schon die nächste schlechte Neuigkeit: Irgendetwas scheint das Signal zu stören!

Da der Killer offenbar mithilfe eines Störsenders den Einsatz deines Handys unmöglich gemacht hat, gilt es nun, einen anderen Weg zu finden, Kontakt mit der Außenwelt herzustellen und Hilfe herbeizurufen. Hatte der Laborcomputer nicht auch einen Internetzugang? Vielleicht ist das ja die Rettung! Dein nächstes Ziel stellt also das Labor im Keller des Hauses dar.

Die Landminen im Hinterhof

Bevor du dich nun überhastet in den sicheren Tod stürzt, solltest du zunächst einmal deinen *Metalldetektor auf Stufe 1* einschalten und dich so ausgestattet vorsichtig der kleinen Veranda am Hintereingang des Hauses nähern. Wenn du den Boden des vor der Treppe vom Hintereingang gelegenen Hinterhofabschnitts mit der Maus absuchst, verwandelt sich dein Mauszeiger in ein Radarsymbol. Nimm den *Metalldetektor* zur Hand und untersuche mit diesem den Abschnitt zwischen der Treppe und dem gegenübergelegenen Rohr etwas genauer – hier wurden insgesamt *3 Landminen* vergraben!

Landminen und sonstige Fallen!

Sollte Vic auf eine der im Boden vergrabenen Minen oder in eine der im Haus installierten Fallen treten, werden diese umgehend explodieren und Vic schwer verwunden. Wird Vic zwei Mal nacheinander verwundet, ohne sich zwischenzeitlich mithilfe eines Erste-Hilfe-Koffers (z. B. aus dem Schrank im Bunker oder aus dem Badezimmer in der 1. Etage des Hauses) geheilt zu haben, bedeutet dies den sicheren Tod!

Der Weg zum Vorhof des Hauses

Anstatt überhastet durch die Hintertür ins Innere des Hauses zu stürmen, solltest du nun über die soeben neutralisierten Minen hinweglaufen, den *Metalldetektor auf Stufe 4* einstellen und mit diesem das rechts der Minen befindliche Gebiet absuchen. Du findest hier die im Boden vergrabenen *Überreste eines alten Fahrradreifens*. Schau dir das gute Stück etwas genauer an und nimm anschließend eine der Fahrradspeichen heraus, die sich hervorragend als *Improvisierte Dietrich-Werkzeuge* einsetzen lassen.

Da die Pfütze des *Tores zum Vorderhof* unter Strom steht und dieses somit nicht unbeschadet passiert werden kann, solltest du es besser meiden und dich anstatt dessen dem links davon am Zaun befestigten *Stromkasten* zuwenden. Schnapp dir dein *Improvisiertes Dietrich-Werkzeug*, um den Kasten zu entriegeln und schau dir dessen Innenleben etwas genauer an. Auf der linken Seite des Kastens kannst du einen *Unbelegten Sockel* entdecken, mit dem sich die Stromzufuhr des Zaunes bestimmt manipulieren lassen könnte – vorausgesetzt, du findest etwas, was dort hereinpasst. Wirf nun noch einen Blick auf das am unteren Rand des Kastens eingeschnitzte *SSP-Muster* und greif anschließend zur *Gabel* (aus dem Schrank im Zellentrakt des Bunkers), um die *Tastatur* zu lösen und die Stromzufuhr des Tores zu unterbrechen. Nachdem du auch diese Falle entschärft hast, kannst du ungehindert durch das Tor schreiten!

Nachdem du die *3 Landminen* mithilfe des Metalldetektors aufgespürt und dann mit den Händen frei gelegt hast, schaust du dir diese noch einmal etwas genauer an. Danach begibst du dich wieder zum hinteren Ende des Hinterhofs und holst dir die dort herumstehende *Zielscheibe*, die du anschließend auf die direkt vor der Treppe vergrabene *Landmine* wirfst. Der Auslöser der Mine ist somit blockiert, sodass du unbeschadet darüber hinweglaufen kannst.

Um sicherzustellen, dass du später nicht aus Versehen auf eine der restlichen beiden Minen trittst, solltest du dich nun noch um die verbliebenen beiden Minen kümmern. Mach dich wieder auf den Rückweg zum Zellentrakt des Bunkers, berichte *Paloma*, dass du offenbar *James Hawkers* Leiche gefunden hast, und hol dir dann zuerst das *Gitter* aus dem Flur und später auch noch das *Gitter* aus Palomas Zelle (oder alternativ das Gitter, das rechts der Hintertür am Tor zum Vorderhof herumliegt). Nachdem du die Gitter auf den letzten beiden *Landminen* platziert und diese somit ebenfalls neutralisiert hast, gilt die Gefahr endlich als gebannt!

Während du durch das Tor marschierst, erhältst du eine bedrohliche SMS vom Killer, der dir unverhohlen mitteilt, dass dein Ende kurz bevorsteht. Nimm es als Warnung und begib dich zum neben dem Tor gelegenen Holzschuppen, wo du dir nun die in den vorderen Balken eingeritzten *Schnitzereien (SSP 8541)* noch einmal etwas genauer anschaust, bevor du deinen Weg zum Vorhof des Hauses fortsetzt.

Auf dem Vorhof liegen immer noch die *Leichen der Polizisten* herum, die du nun der Reihe nach untersuchen solltest. Schnapp dir das **Taschenmesser**, das hier neben der Leiche, die direkt gegenüber vom Hauseingang auf dem Boden liegt, zu finden ist und wende dich dann dem Wagen des Sheriffs zu. Bei der neben der Beifahrertür des Polizeiautos herumliegenden Leiche findest du nun noch eine defekte **Quarzuhr mit Batterie**. Nimm sie an dich und öffnen dann den **Kofferraum des Wagens des Sheriffs**. Im Innern liegt neben *Sheriff Halloways Leiche* auch noch eine **Multispektral-Lampe**, die du nun ebenfalls in deinem Inventar verschwinden lassen solltest.

So ausgestattet steigst du über die Stufen zur Eingangstür des Hauses. Betrachte das *Einschussloch* am linken Balken des Vordachs etwas genauer und begib dich anschließend durch die Tür ins Innere des Hauses.

Erneute Erkundung des Hauses

In der Eingangshalle des Hauses angelangt, kannst du nahe dem Durchgang zum Wohnzimmer eine *Tote Ratte* entdecken. Was das Tier getötet hat? Nun ja ... vermutlich die Falle, die der Killer hier am Durchgang zum Wohnzimmer und an der Treppe zur 1. Etage installiert hat – hier ist also erneut äußerste Vorsicht geboten!

Nimm das **Farbige Desinfektionsspray** (aus dem Schrank im Zellentrakt des Bunkers) zur Hand und spräh damit den **Durchgang zum Wohnzimmer** ein, um so die dazwischen gespannten **Fäden** sichtbar zu machen. Wenn du die Fäden nun mithilfe des **Taschenmessers** durchtrennst, gilt die Falle als entschärft und du kannst das Wohnzimmer unbeschadet betreten.

Bevor du dies tust, solltest du dich aber noch der zweiten Falle des Eingangsbereiches widmen. Betrachte die drei **Löcher**, die hier rechts neben der Küchentür in die Wand gebohrt wurden, und greif zum **Farbigen Desinfektionsspray**, um auch die zwischen der Treppe zur 1. Etage und der Kellertür gespannten **Fäden** sichtbar zu machen. Nachdem du auch diese mithilfe des **Taschenmessers** durchtrennst hast, gilt der Eingangsbereich des Hauses endlich wieder als sicher.

Begib dich nun zunächst einmal in die Küche. Dort angelangt öffnest du den **Kühlschrank** und nimmst den **Roten Umschlag samt Speicherkarte** an dich. Auf der Speicherkarte sind Informationen über Gary Anderson gespeichert, die du dir nun in deinem Smartphone durchlesen solltest.

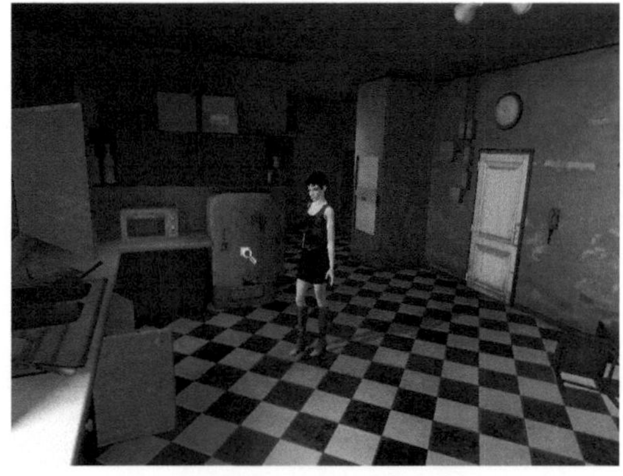

Da du gerade hier bist, kann es nicht schaden, wieder etwas Platz in deinem Inventar zu schaffen. Öffne es und kombiniere dein *Taschenmesser* mit der *Quarzuhr*, um so die darin befindliche **Quarzuhr-Batterie** auszubauen. Ist dies erledigt, öffnest du den *Küchenschrank*, legst alle aktuell nicht mehr benötigten Gegenstände ab (z. B. den Metalldetektor, das Taschenmesser, den Dietrich, den Erste-Hilfe-Koffer und das Desinfektionsspray) und sortierst es so um, dass maximal das obere linke Viertel deines Inventars belegt ist.

Als Nächstes stattest du dem ausgebrannten Überwachungsraum in der 1. Etage des Hauses einen erneuten Besuch ab. Bei der auf dem Boden liegenden Puppe findest du einen weiteren *Roten Umschlag samt Speicherkarte*. Die Speicherkarte enthält Informationen über David Karson – dabei solltest du insbesondere dem vorletzten Satz des Gutachtens besondere Beachtung schenken!

Marschier durch die rechts vom Überwachungsraum gelegene Tür auf die Dachterrasse des Hauses. Der Störsender wurde mittlerweile zwar offenbar vom *Geländer* entfernt und woanders aufgebaut, aber dafür kannst du auf dem Boden eine **Fernbedienung (nicht aktiviert)** entdecken, die du nun umgehend in deinem Inventar verschwinden lässt.

Solltest du verwundet sein, kannst du dir aus dem Erste-Hilfe-Schrank des Badezimmers noch einen Erste-Hilfe-Koffer organisieren. Ansonsten gehts nun zurück ins Wohnzimmer im Erdgeschoss des Hauses.

Im Wohnzimmer angelangt, schaust du dir auf dem *Fernseher* das Video an und schnappst dir dann den **Reflektor** und den **Laser-Sender**, welche hier vor der Fensterfront herumstehen.

So ausgerüstet machst du dich noch einmal auf den Rückweg zum Bunker und unterhältst dich dort mit *Gary Anderson* über Baseball und die Schlangenphobie des Killers. Ist es nicht seltsam, dass er – entgegen der Aussage des Zeitungsartikels aus dem roten Umschlag – keine Ahnung von Baseball zu haben scheint und dass der Killer eine Schlange in seinem Terrarium im Badezimmer der 1. Etage gehalten hat und diese dann auch noch in Palomas Zelle deponieren konnte, um dir eine Falle zu stellen, obwohl er doch laut dem Bericht des Psychiaters eigentlich tierische Angst vor diesen Tieren haben sollte?

Da sich diese Fragen momentan nicht klären lassen, marschierst du wieder zurück zum Haus und machst dich durch die Kellertür auf den Weg zum Labor.

Verschlossener Aufzugschacht

Die in der Küche und im Heizungskeller gelegenen Zugänge zum Aufzugschacht wurden vom Killer fest verschlossen, sodass ein weiterer Besuch der Leichenhalle und des Todesparcours im Keller des Hauses momentan nicht möglich ist.

Zugang zum Laborcomputer

Mittlerweile sollte bereits die dritte SMS des Killers auf deinem Smartphone eingetroffen sein. Lies sie dir durch und schau dich dann vorsichtig im Labor um – wie der Killer schon sagt: „Nicht vergessen: Du hast nur eine einzige Chance!"

Wie du schnell feststellen wirst, hat sich der Killer in mühsamer Feinarbeit im Labor zu schaffen gemacht. Schau dir die **Reflektoren** an, die hier vom Killer aufgestellt wurden und wirf dann einen Blick auf den an der Decke des Raumes montierten **Container** – eine Bombe? Da du mit bloßem Auge nichts erkennen kannst, nimmst du die **Multispektrallampe** (aus dem Wagen des Sheriffs) zur Hand und befestigst diese an der an der linken Seite des Labors (rechts, oberhalb des Rohres) montierten **Kamerahalterung**. Und siehe da ... nun kannst du endlich die verschiedenfarbigen Strahlen zwischen den Reflektoren erkennen. Sie dienen als eine Art Lichtschranke. Sobald du die Strahlen und somit den Kontakt zum nahe dem Computer aufgestellten **Kasten** unterbrichst, wird die Falle des Killers umgehend ausgelöst und der Raum mit dem aus dem Container strömenden Giftgas gefüllt! Zwei solche Fehlversuche und das Spiel ist für dich zu Ende!

Nachdem du die Lichtstrahlen der Falle mithilfe der Multispektrallampe sichtbar gemacht hast, schaust du dir die links unter dem Rohr gelegene **Steckdose** an und nimmst dann den **Laser-Sender** aus deinem Inventar, um ihn an der **Steckdose** anzuschließen. Victoria richtet den Sender danach automatisch so aus, dass dessen rote Strahlen über die Reflektoren nun ebenfalls zum Kasten am anderen Ende des Raumes geleitet werden. Da die roten Strahlen den Kontakt zum Auslöser der Falle aufrechterhalten, können die gelben nun endlich gefahrlos passiert werden.

Begib dich zur linken Hälfte des Raumes, nimm den **Reflektor** aus deinem Inventar und positioniere ihn auf der kleinen direkt vor den grünen Laserstrahlen befindlichen **Bodenplatte**. Ist dies erledigt, betrachtest du den über dir zwischen der Tür und dem Schrank positionierten **Laser-Sender** und richtest diesen auf den soeben aufgestellten Reflektor aus, um den gelben Laser so umzuleiten, dass er den Kontakt zum zweiten Auslöser der Falle herstellt – der kleine **Kasten** in der unteren linken Ecke des Raumes. Jetzt kannst du gefahrlos durch die grünen Laserstrahlen hindurch dorthin laufen und den Auslöser deaktivieren.

Nachdem du den Auslöser abgeschaltet hast, wendest du dich dem **Laser-Sender** zu, der rechts des von dir aufgestellten Reflektors herumsteht, und drehst diesen um 90°, um so die Bahn des grünen Lasers zu ändern und auch diesen auf den Kasten in der unteren rechten Ecke des Labors auszurichten.

Da du nun auch die roten Laserstrahlen gefahrlos passieren kannst, steht deinem Weg zum Computertisch des Labors nichts mehr im Wege. Begib dich dorthin und deaktiviere auch das im hinter dem Monitor herumstehenden **Kasten** verborgene Signalgerät, um die Gas-Falle des Killers somit endgültig zu entschärfen.

Sobald du versuchst den *Computer* einzuschalten, klingelt plötzlich das Telefon. Der Killer ruft dich an und erklärt dir kaltschnäuzig, dass er sich nun umgehend auf den Weg zum Labor begeben wird, um deinem Leben endgültig ein Ende zu bereiten!

Jetzt ist schnelles Handeln gefragt! Der Killer wird in ca. einer Minute bei dir sein – hast du bis dahin keinen Ausweg aus dieser Situation gefunden, bedeutet dies dein sicheres Aus!

Da du dem Killer auf dem Weg über die Kellertreppe mit Sicherheit direkt in die Arme laufen würdest, gilt es sich nun nach einem sicheren Versteck im Innern des Labors umzuschauen. Da im Schrank kein Platz ist und sich die daneben befindliche Tür nicht öffnen lässt, bleibt dir nur eine Wahl: die *Leichenschublade* an der hinter dem Obduktionstisch gelegenen Wand! Klettere in die Leichenschublade hinein und bete um dein Leben!

Begib dich durch die Küche wieder zurück zum Tor des Hinterhofes, öffne erneut den am Zaun befestigten *Stromkasten* und platziere die *Fernbedienung (nicht aktiviert)* und die *Tastatur* in den dafür vorgesehenen *Steckplätzen* des Kastens.

Eine Falle für den Killer

Puh, Glück gehabt! Nachdem der Killer das Labor wieder verlassen hat, fällt Vic auf, dass in ihrem Smartphone dank des Anrufs vom Killer nun auch dessen Telefonnummer gespeichert ist. Vielleicht solltest du versuchen, ihn mit seinen eigenen Mitteln zu schlagen und ihn in eine seiner eigenen Fallen zu locken. Klingt doch nach einer guten Idee, oder?

Erinnerst du dich noch an das unter Strom stehende Gitter am Tor zum Hinterhof, das du zuvor ja bereits erfolgreich deaktiviert hast? Wie wäre es, wenn du dieses einfach wieder einschaltest und dann versuchst, den Killer durch dieses hindurchzulocken? Hast du dir die *Fernbedienung* bereits von der Dachterrasse des Hauses geholt? O.K., dann steht deinem Versuch eigentlich nichts mehr im Wege!

Um die Fernbedienung zu aktivieren, benötigst du den richtigen Code. Kannst du die Schnitzerei am unteren Rand des Kastens erkennen? Hast du so etwas nicht schon am Balken des Holzschuppens entdeckt? Gemeinsam mit einer Zahl? Genau: SSP 8541! Tippe nun also genau diesen Code (*8-5-4-1*) in die Tastatur ein und bestätige die Eingabe dann mit O.K.

Nimm die soeben *Aktivierte Fernbedienung* wieder an dich und greif anschließend zum *Smartphone*, um den *Mörder* anzurufen, ihn zum Tor zu locken und die Falle dann im richtigen Moment mithilfe der Fernbedienung auszulösen, um das Monstrum endlich für seine Taten büßen zu lassen!

Das Ende des Albtraums? (2008)

Erneuter Zugriff auf den Labor-PC

Nachdem du den *Killer* am Tor zum Hinterhof des Hauses endgültig zu Fall gebracht hast, schaust du dir dessen Leiche noch einmal genauer an.

Auf dem *Handschuh* seiner rechten Hand kannst du die Initialen „SSP" erkennen. Wirf nun einen Blick auf sein *Gesicht* und die rechte *Manteltasche*, in der du ein gefaltetes Stück *Papier mit der Aufschrift „Namlekco"* findest. Schnapp dir nun noch den **Elektronischen Schlüssel (grün)**, der hier neben dem linken Fuß des Killers auf dem Boden liegt. Da der Killer die Luke des Bunkers zwischenzeitlich wieder verriegelt hat, machst du dich anschließend wieder auf den Rückweg zum Labor.

Wenn du versuchst, dir das *Telefon* auf dem Computertisch im Labor zu greifen, um mit diesem um Hilfe zu rufen, stellst du fest, dass die Leitungen offenbar immer noch gestört sind – genau wie die deines Smartphones. Versuch dich anstatt dessen also erneut in den *Laborcomputer* einzuloggen. Das Kennwort

des Mörders solltest du ja mittlerweile kennen. Es stand auf dem Papier in seiner Manteltasche und lautet *NAMLEKCO* (umgedreht „Ockelman").

Da eine Internetrecherche aufgrund der gestörten Telefonleitung momentan nicht funktioniert und du somit auch keine Mail an Claire oder andere Kontakte versenden kannst, widmest du dich anstatt dessen der neu ins Menü eingetragenen *Karson-Datei* und liest sie dir durch. Oh Gott! Das Gesicht auf dem Foto zeigt den Mann, der gemeinsam mit dir und Paloma im Zellentrakt des Bunkers gefangen war. Der Kerl ist also gar nicht Gary Anderson ... es ist David Karson ... der Ostküsten-Killer ... und Paloma sitzt mit ihm allein im Bunker fest! Aber wer war dann der maskierte Kerl, den du kurz zuvor mit einem saftigen Stromstoß zur Strecke gebracht hast? Gab es etwa zwei Killer?

Wähl dich in den Menüpunkt *Zugangskontrolle* ein, um dort die *Östliche Luke* des Bunkers durch die Eingabe des altbekannten Passworts *"H103123D55"* zu entriegeln und mach dich danach umgehend auf den Rückweg zum Hinterhof.

Weitere Erkundung des Bunkers

Nachdem du durch die **Bunkerluke** wieder in den Zellentrakt des Atombunkers geklettert bist, musst du mit Entsetzen feststellen, dass weder vom vermeintlichen Gary Anderson (also David Karson) noch von Paloma eine Spur zu entdecken ist – der Kerl hat Paloma offenbar verschleppt. Aber wohin? Um dies herauszufinden, solltest du dich jetzt erst mal ausgiebig im Innern des Bunkers umschauen.

Da „Gary Andersons" bzw. Karsons Zelle mittlerweile offen steht, begibst du dich ins Innere und betrachtest dort die **Fotos** an der Wand. Das ist der erschreckende Beweis – David Karson ist eindeutig an den Folterungen der Opfer beteiligt gewesen.

Wirf noch einen kurzen Blick auf **Karsons Zeichnungen** an der links vom Eingang gelegenen Wand. Nachdem dies erledigt ist, verlässt du die Zelle vorerst wieder.

Da es weder in Palomas noch in Vics Zelle etwas Neues zu finden gibt, wendest du dich nun der neben Vics Zelle gelegenen Tür zu. Entriegele das **Elektronische Schloss** mithilfe des **Elektronischen Schlüssels (grün)** vom tot im Hinterhof liegenden Killer und begib dich in den dahinter gelegenen Raum.

Wie du schnell feststellen wirst, handelt es sich hier um das Zimmer des tot im Vorhof liegenden Killers. Schnapp dir zunächst einmal den Koffer, der an der gegenüber der Tür gelegenen Wand (rechts unterhalb der **Übersichtskarte der im Haus installierten Fallen**) auf dem Boden steht – im Innern des Koffers befindet sich dein **CSIA-Kit**, mit dem du von nun an endlich auch wieder Beweismittel und Spuren sammeln und analysieren kannst.

So ausgestattet wendest du dich dem rechts der Karte befindlichen **Tisch** zu und sammelst das **Taschenmesser**, die **Nylonschnur** und das **Klebeband** ein.

Betrachte anschließend die an der Wand hängende **Armbrust**, die auf dem Beistelltisch herumliegenden **Elektronikbücher** und nimm dann den **Schreibtisch** genauer unter die Lupe. Direkt neben den **Computerbüchern** findest du einen kleinen **Stahlschlüssel**. Lies dir den auf dem Notizblock verzeichneten **Bericht über die Vorgehensweise des Killers** gut durch (er enthält u. a. den Dechiffrierschlüssel der Namen und Codenummern der Zellentüren) und schau dir dann die **Fotos der beiden Killer** an, die offenbar nicht nur ihre Opfer, sondern auch sich selbst gefoltert haben!

In der **Schreibtischschublade** findest du nun noch einige Packungen voller **Kaugummis** und einen **Polizeibericht**, aus dem du nun endlich auch die Identität des toten Killers im Hinterhof ablesen kannst – der Mann hieß Terence Curtis und war zuvor offenbar schon einmal wegen schwerer Körperverletzung angeklagt (auch wenn das Verfahren gegen ihn vor der Verhandlung eingestellt wurde).

Wenn du den unter dem Schreibtisch herumliegenden **Schlossknacker (ohne Batterie)** aufhebst, stellst du fest, dass diesem neben der Batterie auch noch die Spannfeder fehlt. Die **Batterie**, die du zuvor mithilfe des Taschenmessers aus der Quarzuhr des toten Polizisten vom Vorhof des Hauses ausgebaut hattest, sollte sich ja noch in deinem Inventar befinden. Setz sie also in den elektronischen Dietrich ein und kombiniere das Ergebnis dann mit dem kleinen **Stahlschlüssel**, um dir so einen funktionstüchtigen **Schlossknacker mit Batterie und Spanner** zu basteln.

Nachdem dies erledigt ist, nimmst du das zwischen dem Schreibtisch und dem

Bett verlegte **Elektrische Verlängerungskabel** an dich. Betrachte die über dem Fernseher hängenden *Fotos von Paloma* und das über dem Bett befestigte *Poster der Scharfschützeneinheit SSP* (Scout Sniper Platoon).

Direkt vor dem Bett kannst du noch ein paar *Zeitschriften* erkennen, die du dir nun anschauen, mithilfe deines CSIA-Kits *Fingerabdrücke* davon nehmen und diese dann analysieren solltest – sie stammen von Terence Curtis.

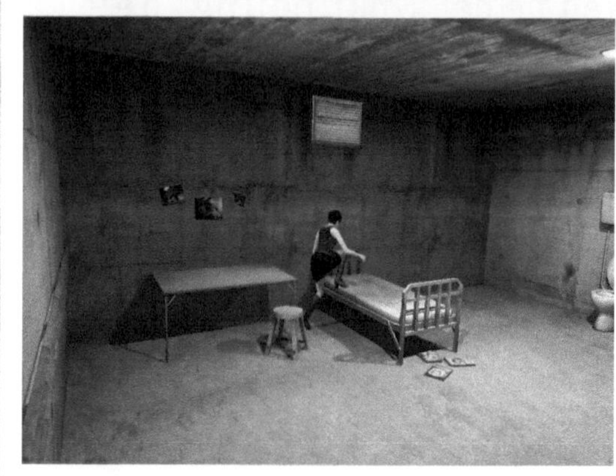

Wende dich nun dem hinter dem Bett herumliegenden *Koffer* zu, öffne ihn und nimm die **Entlastungsmine**, die **Munition für deine Pistole** und bei Bedarf auch noch den **Erste-Hilfe-Koffer** heraus. Nachdem du hier fertig bist, machst du dich wieder auf den Rückweg zu Karsons Zelle (bzw. Zimmer).

Im Innern angelangt, schaust du dir noch einmal die *Gittertür von Karsons Zelle* und die vor dem Bett herumliegenden *Bücher* an und nimmst von beiden mithilfe des Fingerabdruckpulvers und des 3D-Scanners ein paar *Fingerabdrücke*. Der Datenbankanalyse zufolge scheint Karson die Tür eigenhändig geöffnet zu haben, bevor er sich aus dem Staub gemacht hat. Deine nächste Aufgabe besteht nun darin, Karson und Paloma ausfindig zu machen. Die Tür am anderen Ende des Zellentraktes deutet darauf hin, dass der Bunker noch weitere Räumlichkeiten bergen muss. Da sich die Tür von dieser Seite aus aber nicht öffnen lässt, scheint es nur einen Ausweg zu geben: der Lüftungsschacht in Karsons Zelle!

Kletter auf Karsons Bett, um dir das *Lüftungsgitter* genauer anschauen zu können ... *aargh* ... das Gitter ist fest verschweißt. Da hilft nur rohe Gewalt! Kombiniere also die *Entlastungsmine* in deinem Inventar mit dem *Klebeband* und klebe diese anschließend ans Gitter. Ist dies erledigt, befestigst du die *Nylonschnur* an der Mine und sprengst dir den Weg kurzerhand frei. Wenn du nun durch den *Lüftungsschacht* kletterst, gelangst du auf direktem Weg in den zweiten Abschnitt des Bunkers.

Die Suche nach Paloma

Nachdem du durch den Lüftungsschacht in den zweiten Abschnitt geklettert bist, läufst du über das Lüftungsgitter hinweg zum unteren Ende des Flures. Durch die linke der beiden hier befindlichen Türen gelangst du bei Bedarf zurück in den Zellentrakt – von dieser Seite aus lässt sich die Tür problemlos öffnen. Hast du etwas im Schrank des Zellentraktes vergessen, oder benötigst du noch Gegenstände aus dem Haus oder vom Hof, kannst du durch den Zellentrakt jederzeit dorthin zurückgelangen.

Neben der rot beleuchteten **Sicherheitstür** befindet sich eine **Schrifttafel**, auf der du die Referenznummer der Tür ablesen kannst: **T082445**. Betrachte nun den Boden vor der Tür etwas genauer – da sind **Frische Blutspuren** zu erkennen. Nimm eine **Blutprobe** davon und analysiere sie. Das Blut stammt eindeutig von Karson – der Killer scheint durch diese Tür geflüchtet zu sein!

Öffne also die Tür und folge der **Blutspur** im dahintergelegenen Gang, bis du zu einer weiteren **Sicherheitstür** gelangst. Die Referenznummer auf der zur Tür gehörigen **Schrifttafel** lässt sich zwar nicht mehr richtig entziffern, aber wenn du die Tür nun genauer inspizierst, kannst du von der anderen Seite aus seltsame Geräusche vernehmen – klingt wie die Kreissäge aus dem Keller des Hauses!

Da sich die Tür von hier aus nicht öffnen lässt, gehts nun wieder zurück in den Flur des zweiten Bunkerabschnitts.

Der Kontrollraum & Die westliche Luke des Bunkers

Wende dich der links gegenüber dem Lüftungsschacht gelegenen **Tür des Kontrollraums** zu. Die Tür ist zwar ebenfalls verriegelt, lässt sich aber mithilfe deines zuvor gefunden (und mittlerweile ja hoffentlich auch reparierten) **Schlossknackers mit Batterie und Spanner** im Handumdrehen öffnen.

Bevor du dich dem Computer des Kontrollraums zuwendest, solltest du zunächst einmal einen kleinen Ausflug an die frische Luft wagen. Begib dich zu der in der hinteren Ecke des Raumes gelegenen Leiter, betätige den daneben montierten **Schalter**, um die am oberen Ende der **Leiter** befindliche **Bunkerluke** zu entriegeln und kletter durch diese nach draußen.

Oben angelangt findest du dich genau an der Stelle wieder, an der die nahe des Hinterhofs aufgehängte Leiche immer noch an ihrem Baum herumbaumelt. Wirf zunächst einen Blick auf die neben der Bunkerluke liegende **Schrifttafel**, auf der eine weitere Referenznummer abzulesen ist: **H061914**.

Als Nächstes wendest du dich dem **Erhängten Mann** zu und durchtrennst mithilfe deines **Taschenmessers** das am Baum befestigte **Seil**. Jetzt kannst du den **Leichnam** endlich genauer untersuchen. Wider Erwarten handelt es sich aber nicht um Hawker ... es ist Garris ... der Killer muss ihm Hawkers Kleidung angezogen haben. Aber warum nur? Oh Gott!

Nimm die neben Garris auf dem Boden herumliegende **Speicherkarte** an dich und schau dir die darauf gespeicherten Informationen in deinem Smartphone etwas genauer an. Es handelt sich um den zweiten Teil der Tonaufnahme, die Garris vor seinem Tod offenbar doch noch aus der Überwachungskonsole in der 1. Etage des Hauses herausfiltern konnte. Übertrage die *Digitale Geräuschaufnahme* ins *CSIA-Kit* und versuch diese dort einer Computeranalyse zu unterziehen, was aber leider nicht ausreicht, um die Aufnahme komplett wiederherzustellen.

Nachdem es hier oben nichts weiter zu tun gibt, kletterst du wieder zurück nach unten und versuchst dich in den Computer des Kontrollraums einzuloggen.

Zugriff auf den Computer des Kontrollraums

Beim Versuch den *Computer* einzuschalten, stellst du fest, dass dieser mit einem biometrischen Sensor gesichert wurde. Der Computerschlüssel aus deinem CSIA-Kit oder simple Kennwortraterei werden dich hier also bestimmt nicht weiterbringen – du benötigst einen handfesten Fingerabdruck einer zugriffsberechtigten Person!

Ob Curtis wohl Zugriff auf den Rechner hatte? Das wäre doch eine Idee! Klar, eklig wäre das schon ... und alles andere als angenehm ... aber es könnte funktionieren!

Killer-Spiel

Der Killer spielt offenbar nicht nur gerne mit seinen Opfern, sondern auch mit Computerspielen. Direkt neben dem Computer liegt jedenfalls das Videospiel „Still Life" auf dem Tisch herum. Was es damit auf sich hat? Nichts weiter – es handelt sich hier lediglich um eine kleine Hommage an den Vorgänger dieses Abenteuers. Vergiss nicht, dir das Spiel anzuschauen und dir Vics Kommentar dazu anzuhören.

Mach dich also wieder auf den Rückweg in den Zellentrakt des Bunkers, kletter durch die östliche Luke auf den Hinterhof und nimm die immer noch am Tor zum Vorhof herumliegende *Leiche des Killers* noch einmal genau unter die Lupe. Jetzt heißt es Augen zu und durch! Greif zum *Taschenmesser*, visiere die rechte *Hand* an ... und ... nun ja ... reden wir nicht weiter darüber ... jedenfalls findest du danach einen *Finger des Mörders* in deinem Inventar!

Mach dich nun wieder auf den Rückweg zum Kontrollraum des Bunkers und aktiviere mithilfe des *Fingers des Mörders* den *Computer*. Ist dies erledigt, erscheint endlich auch ein Bild auf den Monitoren des Kontrollraums.

Die Suche nach Paloma

Nachdem du den Computer des Kontrollraums eingeschaltet hast, kann Vic sich endlich hinter den *Monitor* klemmen, um dort zu versuchen, Paloma und Karson mithilfe der Überwachungskameras ausfindig zu machen.

Der PC des Kontrollraums

Beim Versuch dich in das System einzuloggen, stellst du fest, dass der Computer nicht nur mit einem biometrischen Sensor, sondern zusätzlich auch noch mit einem Kennwort vor unerwünschtem Zugriff gesichert worden ist. Das Passwort solltest du mittlerweile eigentlich kennen. Es handelt sich hiebei um das Gründungsjahr des Lieblingskaugummiherstellers des toten Killers und war auf Curtis' Kaugummipackungen im Schreibtisch seines Zimmers im Zellentrakt des Bunkers abzulesen – es lautet *1884*.

Sobald du eingeloggt bist, begibst du dich ins *Menü: Kamerasystem* und wählst dich der Reihe nach in die Liveübertragungen der dort verfügbaren Kameragruppen ein. Die *Kameras: Gruppe A bis D* liefern zwar ein einwandfreies Bild, aber von Paloma oder Karson ist nirgends eine Spur zu entdecken.

Beim Versuch dir die Übertragung der *Kameras der Gruppe 4* anzuschauen, bekommst du hingegen kein Bild zu sehen. Dem Eintrag im Computermenü nach zu urteilen, scheint das Signal verschlüsselt zu sein.

Da diesmal niemand da ist, der dir bei diesem Problem behilflich sein könnte, greifst du zum *Computerschlüssel* aus deinem CSIA-Kit und steckst diesen in den *Computer*. Nachdem du das Verschlüsselungssystem mithilfe der Hackertools des USB-Sticks geknackt hast, begibst du dich wieder an den *Monitor*, wählst dich erneut ins *Menü: Kamerasystem* ein und startest die nun unverschlüsselte Liveübertragung der *Kameras der Gruppe 4*.

Das Gespräch mit Karson

Über die Kameras der Gruppe 4 kannst du nun Karson beobachten, der sich mit Paloma im Heizungskeller des Hauses verbarrikadiert und offenbar bereits mit den Vorbereitungen für sein letztes Todesspiel mit der Reporterin begonnen hat.

Vic meldet sich nun automatisch zu Wort und spricht *Karson* über die in die Kameras dieses Systems integrierten Lautsprecher direkt an. Im folgenden Gespräch gilt es, den Killer möglichst lange hinzuhalten – je länger er sich mit dir unterhält, desto mehr Zeit bleibt Paloma, sich aus ihrer misslichen Lage zu befreien!

Je nachdem was du bisher über Karson herausgefunden hast, stehen dir in diesem Gespräch unterschiedlich viele Themen zur Auswahl. Doch Vorsicht! Es gibt Themen über die Karson überhaupt nicht gerne redet - sprichst du ihn auf ein solches Thema an, oder überreizt du ihn, wird er das Gespräch umgehend beenden.

Die so genannten „Gesprächskiller", die umgehend zu einem abrupten Ende der Konversation führen, lauten wie folgt:

- **ärgerlich werden**
- **die Schlangenphobie des Mörders ansprechen**
- **den Mörder zum Reden bringen**

Willst du das Gespräch so lange wie nur möglich aufrechterhalten, spielt außerdem die Reihenfolge, in der du die zur Auswahl stehenden Themen ansprichst, eine wichtige Rolle. Hier also ein kleiner *Gesprächsleitfaden*, mit dem sich die Unterhaltung längstmöglich aufrechterhalten lässt:

1. Ton verschärfen
2. Situation beruhigen
3. Karsons Folterung
4. Gary Anderson
5. Einschreibeformular
6. den Mörder zum Reden bringen

Zeit dir noch bleibt, kannst du anhand des Timers ablesen. Wenn du es nicht schaffst, dich zu retten, bevor der Killer das Gespräch mit Vic beendet hat, bedeutet dies dein endgültiges Aus!

Paloma ist nicht nur mit den Händen, sondern auch mit einer um den Bauch herum befestigten Kette an ihren Bürostuhl gefesselt. Wie du in der Einleitung der Szene beobachten konntest, liegt auf dem kleinen runden Tisch auf der rechten Seite des Raumes ein Schlüssel für das Schloss von Palomas Bauchfessel herum. Da du dir diesen aber ohne entsprechende Handfreiheit nicht greifen kannst, gilt es zunächst einmal deine Handfesseln loszuwerden.

Je länger du es schaffst Karson im Gespräch hinzuhalten, desto mehr Zeit bleibt Paloma für ihren Befreiungsversuch. Ausschlaggebend ist dabei die Anzahl der Gesprächsthemen, die bis zum Ende der Unterhaltung angesprochen wurde:

- 3 oder weniger Gesprächsthemen: 1,5 Minuten
- 4 oder 5 Gesprächsthemen: 2 Minuten
- 6 Gesprächsthemen: 3 Minuten

Die nahe dem Eingang und dem Sägetisch auf dem Boden verstreuten Scherben stellen für die Rollen des Bürostuhls ein unüberwindbares Hindernis dar. Pass also auf, dass du nicht in diese hineingerätst. Davon abgesehen gelten Wendemanöver mit dem Bürostuhl als recht zeitraubende Angelegenheit und sollten möglichst vermieden werden. Zeit ist momentan dein kostbarstes Gut - wer verschwenderisch damit umgeht, muss unter Umständen mit seinem Leben dafür bezahlen!

Palomas Befreiungsversuch

Die Zeit wird nun ein paar Minuten zurückgedreht und du schlüpfst wieder in die Rolle von Paloma, die gefesselt auf dem Stuhl im Heizungskeller festsitzt. Während Vic sich über die Überwachungskameras mit Karson unterhält und die Aufmerksamkeit des Mörders von dir ablenkt, bleibt dir ein wenig Zeit, nach einem Ausweg aus deiner lebensbedrohlichen Situation zu suchen. Je nachdem wie gut Vic ihren Job erledigt, kannst du die Sache ganz in Ruhe angehen oder musst dich gehörig sputen. Wie viel

Manövriere dich mit dem Bürostuhl zunächst einmal zum rechts neben dem Eingang vom Heizungskeller gelegenen Sägetisch und pass dabei auf, dass du unterwegs nicht in den auf dem Boden verstreuten Scherben hängen bleibst. Sobald du nahe genug an das rotierende *Sägeblatt der Kreissäge* herangekommen bist, kannst du mit dessen Hilfe deine Handfesseln durchtrennen.

Ist dies erledigt, machst du wieder kehrt und manövrierst dich an den Scherben vorbei zum links vom Eingang herumstehenden Tisch. Sobald du den **Schlüssel** an dich genommen hast, löst Paloma umgehend ihre Bauchfessel und ergreift durch den Eingangsbereich des Heizungskellers die Flucht.

Die Verbindungstür zum Keller

Die Szene wechselt wieder zum aktuellen Geschehen. Nachdem Paloma erfolgreich bis ins Labor fliehen konnte, schlüpfst du erneut in die Rolle von Vic. Deine Aufgabe besteht nun darin, dich ebenfalls in den Keller zu begeben und Paloma vor dem Zugriff des Killers zu retten – sie ist zwar fürs Erste entkommen, aber der Killer wird mit Sicherheit alles nur Erdenkliche tun, um sein entflohenes Opfer wieder einzufangen. Also los, worauf wartest du noch?!? Der Timer am oberen Bildschirmrand läuft bereits!

Bist du dem in diesem Buch beschriebenen Lösungsweg bis hierher gefolgt, solltest du ja bereits Wissen, dass vom Bunker aus ein kleiner Treppengang auf direktem Weg in den Heizungskeller des Hauses führt. Zu dumm nur, dass diese Sicherheitstür verschlossen ist und dass der Killer die im Haus befindliche Kellertür ebenfalls verriegelt hat. Aber zum Glück lassen sich die Sicherheitstüren und Luken des Bunkers ja allesamt per Computer fernsteuern – und genau das gilt es nun zu tun.

Setz dich wieder an den *Monitor* des PCs im Kontrollraum und öffne das *Menü: Zugangskontrolle*. Tatsächlich, die *Obere Tür* zum Heizungskeller ist in der Liste. Zum Öffnen der Tür benötigst du wie üblich ein Kennwort. Laut der in deinem Smartphone gespeicherten dechiffrierten Codedatei aus dem Laborcomputer setzt sich das Kennwort für die obere Tür wie folgt zusammen: *Referenznummer + B2*. Zu dumm nur, dass die Aufschrift auf der Tafel neben der Sicherheitstür völlig unleserlich war – aber vielleicht ist ja auf der anderen Seite der Tür etwas zu erkennen!

Wechsle also ins *Menü: Kamerasystem* und aktiviere erneut die *Kameras: Gruppe 4*. Und siehe da, auf der Rückseite des Öltanks kann Vic das Spiegelbild der Schrifttafel mit der Referenznummer der Tür erkennen: *D09746*.

Mit diesem Wissen begibst du dich erneut ins *Menü: Zugangskontrolle*, wählst dort die *Obere Tür* aus und entriegelst sie durch Eingabe des Kennworts *D09746B2*.

Vic spurtet daraufhin umgehend los und macht sich auf den Weg zum Heizungskeller. Am Ende des Gangs angelangt, erwartet Vic aber auch schon die nächste Überraschung: Karson war offensichtlich auf solche Ereignisse vorbereitet und aktiviert kurzerhand eine im Innern des Gangs versteckte Feuerfalle. Vic bleibt nichts Anderes übrig, als dem höhnisch grinsenden Killer dabei zuzuschauen, wie er die Tür vor ihren Augen wieder schließt und sich dann auf den Rückweg zu Paloma macht.

Absicherung des Labors

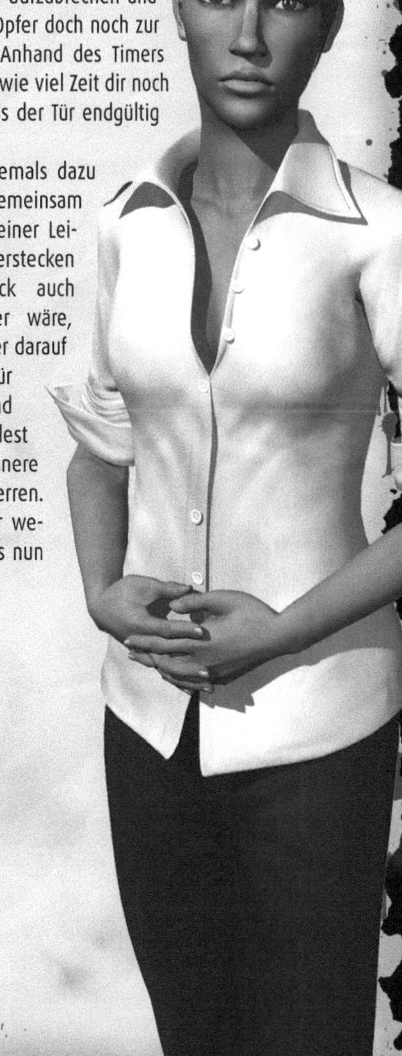

Die Zeit wird erneut ein paar Minuten zurückgedreht und du schlüpfst wieder in die Rolle von Paloma, die verängstigt vor der Tür des Labors steht, während der Killer auf der anderen Seite mit aller Kraft versucht die Tür aufzubrechen und so sein entlaufenes Opfer doch noch zur Strecke zu bringen. Anhand des Timers kannst du erkennen, wie viel Zeit dir noch bleibt, bis das Schloss der Tür endgültig aus den Angeln fällt!

Da du Paloma niemals dazu bringen wirst, sich gemeinsam mit einer Leiche in einer Leichenschublade zu verstecken und dieses Versteck auch nicht wirklich sicher wäre, solltest du dich besser darauf konzentrieren, die Tür zu verrammeln und dem Killer so zumindest diesen Weg ins Innere des Labors zu versperren. Da dir dazu aber nur wenig Zeit bleibt, gilt es nun schnell zu handeln.

Mach dich also umgehend auf den Weg zum großen **Schrank** (direkt neben der Sicherheitstür im hinteren Teil des Raumes) und schnapp dir das darin herumliegende **Metallregal**.

Mit dem **Metallregal** rennst du wieder zurück zur **Tür** und klemmst es zwischen die Wand und die rechts der Tür befindlichen Rohre – das sollte erst einmal genügen, um den Killer am Eindringen zu hindern.

Nachdem die Gefahr nun vorerst gebannt ist, erlischt auch der Timer. Wenn du willst, kannst du dich also noch ein wenig im Labor umschauen und Paloma z. B. einen Blick in die **Leichenschublade** oder die im Schrank herumhängende **Arbeitskleidung** des Killers gewähren, bevor du dich zum Computertisch begibst und dir das mittlerweile wieder funktionstüchtige **Telefon** schnappst, um Vic anzurufen und sie um Hilfe zu bitten.

Aber Moment? Wieso funktioniert das Telefon denn plötzlich wieder? Überraschend ist das schon ... und um genau zu sein, es erwartet dich gleich noch eine viel größere Überraschung ... sie steht bereits direkt vor der Tür! Du willst wissen, um was bzw. um wen es sich dabei handelt? Das wirst du gleich zu sehen bekommen!

Der Rückweg zum Haus

Nachdem Vic am Monitor des Kontrollraums beobachtet hat, wie Hawker den immer noch an der Tür zum Labor wütenden David Karson mit einem gezielten Schuss zur Strecke gebracht hat und gemeinsam mit Paloma über die Treppe ins Haus verschwunden ist, atmet sie erst einmal erleichtert auf. James Hawker lebt, Paloma scheint es gut zu gehen, der Killer liegt tot am Boden – der Albtraum scheint endlich ein Ende gefunden zu haben.

Wenn du willst, kannst du über das **Menü: Kamerakontrolle** des Kontrollraum-PCs noch einmal auf die überall auf dem Gelände verteilten Überwachungskameras zugreifen. Über die **Kameras der Gruppe D** kannst du David Karsons Leiche entdecken, die immer noch tot vor der Tür des Labors herumliegt. Vergiss nicht den **Schraubenschlüssel** vom Computertisch einzustecken. Danach ist es an der Zeit, dich auf den Rückweg zum Haus zu machen, um dort nach Paloma und Hawker Ausschau zu halten.

Da der Gang zur östlichen Tür immer noch von Karsons Feuerfalle blockiert wird, begibst du dich wieder in den Zellentrakt und kletterst über die Bunkerluke zurück auf den Hinterhof des Hauses.

Draußen angelangt wirst du auch schon von *Hawker* angerufen, der dir mitteilt, dass er mit Paloma im Keller des Hauses auf dich wartet. Doch leider bricht die Telefonleitung genau in diesem Moment auch schon wieder zusammen ... seltsam ... oder vielleicht doch nur eine ganz normale Störung?!?

Anstatt auf direktem Weg durch die Hintertür in die Küche zu marschieren, läufst du durch das Tor zum Vorhof des Hauses. Als du das letzte Mal hier warst, hattest du ja kein CSIA-Kit mehr bei dir und konntest somit ein paar der Ermittlungen nicht vollständig abschließen. Und genau dies gilt es nun nachzuholen.

Lauf über die Stufen auf die Veranda an der Vordertür des Hauses und schau dir das **Einschussloch im linken Balken** noch einmal genauer an. Nimm die **Probenzange** aus deinem CSIA-Kit, um die **Pistolenkugel** in dein Beweismittelfach zu befördern und unterzieh diese dann einer **Chemischen-** und einer **Datenbankanalyse**. Die zu dieser Kugel gehörige Pistole scheint zwar noch nicht in der Datenbank registriert zu sein, aber die darauf befindlichen Blutreste stammen eindeutig von Garris.

Nachdem dies erledigt ist, betrittst du das Haus, um dich im Keller mit Hawker und Paloma zu treffen.

Die Suche nach Hawker und Paloma

Im Innern des Hauses angelangt, machst du dich durch die Kellertür umgehend auf den Weg zum Heizungskeller. Unten angekommen stellst du fest, dass es hier etwas komisch riecht. Begib dich also zum anderen Ende vom Vorraum des Heizungskellers, um der Sache genauer auf den Grund zu gehen.

Mithilfe der **Elektronischen Nase** aus deinem CSIA-Kit kannst du nun eine Probe der hier ausgeströmten *Gasspuren* einsammeln und diese dann einer *chemischen Analyse* unterziehen – es scheint sich um Chloroform zu handeln. Vermutlich hatte Karson Paloma damit betäubt.

Was aber viel interessanter ist: Wo sind Hawker und Paloma? Hawker hatte doch gesagt, er sei hier im Keller. Komisch! Da im Heizungskeller keine Spur von den beiden zu finden ist, machst du dich vorerst wieder auf den Weg zum Labor.

Vor der Tür des Labors angelangt, nimmst du zunächst einmal **David Karsons Leiche** genauer unter die Lupe – Hawker hat den Killer mit einem gezielten Kopfschuss zur Strecke gebracht. Schnapp dir den **Elektronischen Schlüssel (rot)** und inspiziere dann **Hawkers 9-mm-Pistole**.

Die **Pistolenkugel**, mit der Karson von Hawker erschossen wurde, steckt noch in der Wand. Befördere sie mithilfe der **Probenzange** in dein Beweismittelfach und führe auch mit diesem Projektil eine **Chemische-** und eine **Datenbankanalyse** durch – das Blut stammt von Karson, aber auch in diesem Fall kann die 9-mm-Kugel keiner Waffe zugeordnet werden.

Mithilfe einer erneuten **Datenbankanalyse** lassen sich die beiden **Pistolenkugeln** nun direkt miteinander vergleichen. Sie wurden eindeutig aus der gleichen Waffe abgefeuert. Aber … Moment … das heißt doch … Garris wurde ebenfalls mit Hawkers Waffe erschossen! Aber wie kann das sein?

Bevor du weiter darüber nachdenken kannst, klingelt auch schon wieder das Telefon. Wenn du mit **Hawker** über das Ergebnis deines ballistischen Vergleichs der **Pistolenkugeln** sprichst, gibt er ohne Umschweife zu, nicht nur Karson und Garris erschossen, sondern auch noch eine ganze Reihe viel schlimmerer Dinge verbrochen zu haben!

Hawkers Spielchen für Nicht-Ballistiker

Solltest du das Rätsel um die Ungereimtheiten mit den Pistolenkugeln aus Hawkers 9-mm nicht bereits selbst gelöst und ihn am Telefon darauf angesprochen haben, wird Hawker dich noch öfter anrufen und versuchen, dich auf deiner Suche nach ihm und Paloma noch ein wenig durch die Gegend zu schicken. Sobald du die Pistolenkugeln schlussendlich analysiert und verglichen hast, kannst du ihn mit deinem Smartphone auch selbst anrufen und zur Rede stellen. Stellst du ihn nicht zur Rede, wird er dich letzten Endes sogar eigenständig darauf hinweisen, dass der Albtraum noch lange nicht vorbei ist und dass dich am Labor-PC eine weitere Überraschung erwartet. In diesem Fall ist der PC nicht durch ein Passwort gesichert und du kannst dir direkt anschauen, von welcher Überraschung hier die Rede ist!

Nachdem du von Hawker den Hinweis bekommen hast, dir den **Labor-PC** noch einmal genauer anzuschauen, begibst du dich umgehend auf den Weg dorthin und betrachtest den **Monitor**. Wenn du versuchst, dich ins System einzuloggen, stellst du fest, dass die Zugangsdaten erneut geändert wurden. Der Benutzername ist „Wahrheit", doch wie könnte das Kennwort lauten?

Schau dir den **Drucker** an und lies dir die darin hinterlegte Nachricht durch: „Die Wahrheit liegt hinter der Maske". Was zunächst verwirrend klingt, dürfte sich schnell aufklären, nachdem du einen Blick in den neben der verschlossenen Sicherheitstür stehenden Schrank geworfen hast. Öffne den **Schrank** und schau dir die darin herumliegende **Gasmaske des Mörders** an – auf der Rückseite kannst du das Wort **"Verrat"** ablesen.

Unterhalte dich mit deinem wahnsinnig gewordenen Ex-Partner über alle zur Verfügung stehenden Themen und mach dich nach dem Ende des Gesprächs umgehend auf die Suche nach Hawkers Versteck – du musst den Irren aufhalten, bevor er Paloma auf dem Elektrischen Stuhl ins Jenseits befördert!

Da die Bunkerluken allesamt verriegelt wurden und sich vom Labor-PC aus nicht mehr öffnen lassen, bleibt Vic nur eine Wahl: die im Heizungskeller gelegene „Östliche Tür" des Bunkers! Sobald du dich vom Labor aus auf den Weg dorthin machst, erwartet dich aber auch schon die nächste „heiße" Überraschung!

TIPP

Mit diesem Wissen begibst du dich wieder zum **Monitor des Labor-PCs** und loggst dich mithilfe des Kennworts **Verrat** ins System ein. Was du daraufhin zu sehen bekommst, ist tatsächlich eine Überraschung ... allerdings keine angenehme! Oh Gott, **Hawker** hat Paloma irgendwo im Bunker auf einem Elektrischen Stuhl gefesselt und ruft dich nun umgehend an, um dir von seinen Plänen Bericht zu erstatten!

Konfrontation mit der Vergangenheit (2005)

Flucht aus Richards Studio

Das feurige Erlebnis im Heizungskeller des Hauses erweckt in Vic alte Erinnerungen und die Szene wechselt wieder ins Jahr 2005. Nachdem Vic ihren Ex-Freund Richard als den Chicago-Killer überführt hat und mit ansehen musste, wie dieser das Studio in Brand gesetzt und sich selbst in den Tod durch die Flammen gestürzt hat, gilt es nun dein eigenes Leben zu retten. Der ganze Raum steht in Flammen und es bleiben dir lediglich etwas mehr als 2 Minuten Zeit, einen Ausweg aus dieser Situation zu finden – schaffst du es nicht, wirst du das gleiche Schicksal erleiden wie Richard!

Jetzt heißt es also schnell handeln! Begib dich umgehend zum links von deinem Startpunkt an der Wand hängenden **Waschbecken** und nimm dieses genauer unter die Lupe, um den **Umhang des Mörders** aus deinem Inventar ins Waschbecken tauchen zu können und so einen **Nassen Umhang** zu erhalten.

Links vom Waschbecken stehen direkt neben der Treppe ein paar Ölfässer herum. Hinter dem brennenden Ölfass auf der linken Seite kannst du eine *Stange* entdecken, an die Vic aber aufgrund des Feuers nicht herankommt. Wirf den *Nassen Umhang* über das brennende **Ölfass**, um dieses zu löschen und schnapp dir dann sowohl die **Stange**, als auch die **Kette** und den hakenförmigen **Dietrich**, die hier direkt vor dem Fass auf dem Boden herumliegen.

Nachdem du die Gegenstände eingesammelt hast, kombihierst du in deinem Inventar die **Kette** mit dem hakenförmigen *Dietrich*, um dir daraus einen **Wurfhaken** zu basteln. Ist dies erledigt, rennst du in die hinter dem Waschbecken gelegene Nische, wo Vic ihren Blick nun automatisch nach oben wendet.

Vics Feuerphobie

Nachdem du nun miterlebt hast, was Vic im Jahre 2005 durchgestanden hat, sollte endlich klar sein, warum sie im Jahre 2008 schon beim Anblick von Streichhölzern ein unwohles Gefühl in der Magengegend bekommt. Will sie im Heizungskeller des Ostküsten-Killers nicht sterben, gilt es diese Phobie schnellstmöglich zu überwinden.

In der Decke des Studios kannst du eine geschlossene **Dachluke** erkennen. Nimm deine **Stange** zur Hand, um die **Dachluke** zu öffnen. Ist dies erledigt, greifst du zum **Wurfhaken** und schleuderst diesen über den dicken **Metallträger** (der Träger links unten im Bild, nicht die schmale Stange der Dachluke).

Victoria klettert nun in Windeseile an der Kette nach oben und schwingt sich mit einem wagemutigen Sprung in letzter Sekunde durch das Fenster in die Freiheit ... *puh* ... das war knapp!

Die Falle im Heizungskeller

Nachdem Vic aus ihrem gerade noch einmal durchlebten Albtraum aus dem Jahre 2005 erwacht, nimmt sie allen Mut zusammen und rennt durch die Flammen in den Hauptraum des Heizungskellers. Da der Raum aufgrund des Feuers kaum noch Sauerstoff enthält und Vic auch das ausströmende Gas zu schaffen macht, bleibt dir erneut nur wenig Zeit, einen Ausweg aus dieser Situation zu finden!

Nachdem du wieder die Kontrolle über Vic erlangt hast, begibst du dich umgehend zu der zwischen dem Sägetisch und dem Heizofen herumstehenden *Gasflasche* und schaust dir diese etwas genauer an. Wenn du mithilfe des *Rades der Gasflasche* den Gashahn zudrehst, erlöschen daraufhin sofort die aus den Wänden herausschießenden Flammen – das erste Problem wäre damit schon einmal gelöst!

Ist der Timer abgelaufen, wird Vic zwar überleben, aber körperlich schwer angeschlagen sein. Passiert dies zweimal nacheinander, ohne dass du Vic zwischenzeitlich heilst, wird sie umgehend tot zu Boden gehen. Nachdem du die Gasflasche abgedreht hast, steht dir der Weg in den Vorraum des Heizungskellers wieder offen. Sollte die Zeit zu knapp werden, kannst du dich durch diesen zurück zur Kellertreppe begeben und dort frische Luft schnappen, bevor du nach einem Weg suchst, wie sich das restliche Gas aus dem Heizungskeller befördern lässt. Der Timer wird dabei jeweils komplett zurückgesetzt!

Dein zweites Problem besteht darin, dass unentwegt neue giftige Dämpfe in den Keller strömen. Wenn du dir das links vom kleinen Runden Tisch an der Wand stehende *Destilliergerät* genauer anschaust, stellst du fest, dass die Gase aus diesem Gerät in den Raum geblasen werden. Schnapp dir die daran befestigte *Tastaturbox* aus dem Sicherungskasten, um dem giftigen Treiben so umgehend ein Ende zu setzen!

Jetzt gilt es das restliche Gas aus dem Keller zu befördern und diesen zu lüften, um so endlich wieder frei durchatmen zu können. An der Wand mit dem Destilliergerät kannst du zwei **Fenster** entdecken, die sich mithilfe des rechts hinter dem Destilliergerät befindlichen **Hebels** im Handumdrehen öffnen lassen. Ist dies erledigt, begibst du dich in die hinter dem Heizofen gelegene Kammer und betätigst auch den hier an der Wand montierten **Hebel**. Nachdem nun alle vier Kellerfenster geöffnet sind, ist die Gefahr endlich gebannt – der Timer wird ausgeschaltet und du kannst dich endlich in aller Ruhe umschauen.

Schnapp dir zunächst den **Lötkolben**, der hier auf der rechten Seite des Sägetisches herumliegt. Hast du zuvor den **Schrauben-schlüssel** aus dem Kontrollraum des Bunkers mitgenommen, kannst du mit dessen Hilfe nun auch noch das **Ofenrad** vom Heizofen abschrauben und es dann in dein Inventar befördern.

So ausgestattet wendest du dich der hinter den Regalen verborgenen **Östlichen Tür** des Bunkers zu. Beim Versuch sie zu öffnen, stellst du fest, dass Hawker die Tür wieder verriegelt hat. Um das Problem zu lösen, wirfst du noch

einen kurzen Blick auf das links der Tür befindliche **Elektronische Sicherheitsschloss** und steckst die zuvor gefundene **Tastaturbox** in den dafür vorgesehenen Steckplatz. Jetzt kannst du die Tür durch Eingabe des altbekannten Codes öffnen: **DO90746B2**.

Die Suche nach Hawker

Wieder im östlichen Gang des Bunkers angelangt, stellst du fest, dass die hier befindliche Feuerfalle immer noch aktiv ist. Hast du das **Ofenrad** aus dem Heizungskeller bei dir, kannst du mit dessen Hilfe den im **Kasten** auf der rechten Seite des Gangs befindlichen **Gashahn** abdrehen und die Falle entschärfen.

Fehlt dir dieses Werkzeug, ist dies aber auch nicht weiter schlimm – Vic hat ihre Feuerphobie ja mittlerweile überwunden und springt zur Not auch einfach so durch die Flammen ... und dies, ohne sich dabei auch nur die geringste Brandblase oder sonstige Verwundungen einzufangen!

Begib dich wieder in den Kontrollraum des Bunkers und logg dich über den **Monitor des Kontrollraum-PCs** erneut ins **Menü: Kamerasystem** ein. Über die **Kameras der Gruppe C** kannst du **Hawker** beobachten, der in der Küche des Hauses schon wieder irgendetwas vorzubereiten scheint.

Wäre das nicht die Gelegenheit? Hawker in der Küche überraschen, während er in seine Arbeit versunken ist und gar nicht damit rechnet, dass Vic überhaupt noch lebendig sein könnte? Also los, worauf wartest du noch?!?

Mach dich durch den Heizungskeller wieder auf den Weg zum Erdgeschoss des Hauses und betritt durch die Tür im Eingangsbereich mit gezogener Waffe die Küche. Vic schleicht sich nun vorsichtig an Hawker heran und versucht ihn zu stellen. Leider bemerkt er sie gerade noch rechtzeitig, schubst sie zur Seite und ergreift umgehend die Flucht!

Gefährlicher Zugriff durch die Hintertür

Alternativ kannst du auch versuchen, dich über den Hinterhof und die dort befindliche Hintertür an Hawker heranzuschleichen. In diesem Fall wird er dich aber früh genug bemerken, um seine Waffe ziehen und einen gezielten Schuss auf dich abgeben zu können, bevor er die Flucht ergreift. Vic kommt bei dieser Variante also nicht unbeschadet davon!

Nachdem Hawker das Weite gesucht hat, schaust du dir den Arbeitsbereich neben der Spüle an und nimmst die darauf herumliegenden **C-4-Stangen** und den **Zünder** an dich. Sollte dein Inventar mittlerweile überquellen, kannst du nicht mehr benötigte Gegenstände einfach im Küchenschrank verstauen (z. B. die Fernbedienung, die Gabel, das Taschenmesser, den Schraubenschlüssel und die Elektronischen Schlüssel).

Wenn du nun den Blutspuren an der Hintertür der Küche folgst und dann den Hinterhof, den Vorhof, das Haus und den Keller Stück für Stück erneut nach Hawker absuchst, wirst du feststellen, dass nirgends auch nur die geringste Spur von dem Kerl und Paloma zu finden ist. Es gibt also nur noch eine Möglichkeit, wo er sich versteckt haben kann: der Bunkerabschnitt hinter der verschlossenen Tür neben dem Kontrollraum. Spar

dir also die langatmige Sucherei und mach dich umgehend auf den Weg dorthin.

Zugang zum letzten Bunkerabschnitt

Wenn du dir die verschlossene *Sicherheitstür* zum rechts vom Kontrollraum gelegenen Bunkerabschnitt anschaust und dann das daneben befindliche *Elektronische Schloss* betrachtest, wird schnell klar, dass du diese Tür wohl nur mit dem passenden Schlüssel aufbekommen kannst – und den hat vermutlich Hawker. Und was jetzt? Nun, wenn Geschick und Spürsinn nicht mehr weiterhelfen, wie wäre es mit roher Gewalt? Die passenden „Werkzeuge" solltest du ja mittlerweile gefunden haben! Welche? Na, wie wäre es mit dem C-4-Sprengstoff?!?

Da du gerade hier bist, solltest du dich nun noch einmal versichern, ob sich die **Computer-Tastatur** vom Tisch des Kontrollraums bereits in deinem Inventar befindet. Falls nicht, holst du dies nun nach und kombinierst anschließend das Paket mit den *C-4-Stangen* mit dem *Zünder*. Die fertige **Bombe mit C-4** platzierst du danach an der Tür zum letzten Bunkerabschnitt.

Ist dies erledigt, öffnest du erneut dein Inventar und kombinierst den *Lötkolben* (aus dem Heizungskeller) mit dem *Verlängerungskabel* (aus Curtis' Zimmer im Zellentrakt). Steck zunächst den **Lötkolben mit Verlängerungskabel** in die vor der Tür platzierte *Bombe mit C-4* und dann den Stecker des Kabels in die neben der Tür zum Kontrollraum gelegene *Steckdose*. Et voilà … die Sicherheitstür fliegt mit einem großen Knall aus den Angeln und Vic kann endlich den dahinter gelegenen Raum betreten!

Hawkers Arbeitszimmer

In Hawkers „Arbeitszimmer" angelangt, kannst du auch schon **Paloma** entdecken, die hier immer noch auf dem Elektrischen Stuhl gefesselt ist. Da die Folterkammer durch eine kugelsichere und schalldichte Glaswand vom Rest des Raumes abgetrennt wurde, kannst du dich lediglich über die an die Wand montierte **Gegensprechanlage** mit ihr unterhalten.

Wie du von Paloma erfährst, hat sich Hawker mit seiner Waffe im Nebenraum verschanzt. Bevor du nun in den sicheren Tod läufst, solltest du zunächst einmal die neben der Tür befindliche **Computerkonsole** etwas genauer unter die Lupe nehmen.

Wie du feststellst, scheint das Gerät (mit Ausnahme der Tastatur) noch voll einsatzbereit zu sein. Nimm also die **Computer-Tastatur** aus deinem Inventar und schließ diese an die **Computerkonsole** an. Jetzt kannst du dich endlich in die **Computerkonsole** einloggen und dir das Bild der Überwachungskameras der **Kameras der Gruppe E** anschauen. *Aaargh* ... dieser Mistkerl hat sich hinter einem der Öltanks vom Tankraum verschanzt und beobachtet

jeden deiner Schritte mithilfe des Peilsenders, den er zuvor offenbar in dein Smartphone eingebaut hat!

Nachdem Vic den **Elektronischen Peilsender** aus ihrem Handy ausgebaut und auf den Tisch gelegt hat, schaust du dir diesen noch einmal an und lässt ihn dann in deinem Inventar verschwinden.

Bevor du nun etwas Unüberlegtes tust, verstaust du alle überflüssigen Gegenstände aus deinem Inventar im neben dem Computertisch herumstehenden **Schrank**. Die einzigen Dinge, die du behalten solltest, sind folgende: der Peilsender und der Schlossknacker (Letzterer ist nicht zwingend, aber nützlich). Den restlichen Platz im Inventar wirst du später noch dringend benötigen – und wenn du die Aufräumarbeiten jetzt schon erledigst, sparst du später überlebenswichtige Zeit!

Nachdem du alle Vorbereitungen getroffen hast, betrittst du durch die Tür den Tankraum.

Konfrontation im Tankraum

Wie du ja bereits festgestellt hast, wartet Hawker hinter einem der Öltanks im hinteren Teil des Raumes auf dich. Um zu verhindern, dass er dich kommen hört bzw. dich über den Peilsender orten kann, solltest du nun versuchen, deinen verrückt gewordenen Ex-Partner ein bisschen in die Irre zu leiten. Tust du dies nicht, wird er dich erbarmungslos zur Strecke bringen, sobald du dich dem hinteren Teil des Raumes näherst!

Lauf geradewegs an der Tür zu Palomas Folterkammer und dem großen Sicherungsschrank vorbei auf den Ventilator an der gegenübergelegenen Wand zu. Geh also einen Schritt vorwärts, wende dich nach links und setz deinen Weg zum Ventilator dann fort. Dort angelangt, betätigst du den **Schalter** an der Wand, um den Ventilator richtig in Schwung zu bringen – dank der Lautstärke des Drehgeräusches kann Hawker anschließend deine Schritte nicht mehr richtig orten.

Hast du alles richtig gemacht, kannst du Hawker jetzt mit gezogener Waffe in den Rücken fallen und ihn so völlig überraschend stellen. Was dann geschieht? Das solltest du dir besser selbst anschauen!

Mach nun noch einen Schritt in Richtung des Ventilators. Im direkt gegenüber dem Ventilator gelegenen Öltank kannst du einen kleinen **Einfüllstutzen** erkennen. Wie Vic richtig anmerkt, könnte dies der perfekte Platz für den **Elektronischen Peilsender** sein. Leg ihn also dort ab und mach dich dann auf dem gleichen Weg, den du gekommen bist, auf den Rückweg zur Tür von Hawkers Arbeitszimmer.

> **ACHTUNG** Es gibt nur einen Weg!
>
> Solltest du versuchen, Hawker durch einen der anderen Gänge des Tankraums zu stellen, wirst du ihm zwangsläufig direkt in die Arme laufen und mit deinem Leben für diesen Fehler bezahlen. Die einzige Chance ihn zu stellen besteht darin, ihn aus dem Hinterhalt zu überraschen!

Wieder am Ausgangspunkt angelangt, wendest du dich von der Tür aus automatisch nach links. Folge dem Weg (immer an der Wand entlang) Schritt für Schritt zum hinteren rechten Öltank.

LeBeN oDeR steRBeN (2oo8)

Letzte Vorbereitungen

Da Vic ihren Ex-Partner beim besten Willen nicht dazu überreden konnte, sich lebend zu stellen, bleibt dir nun erst einmal nichts Anderes übrig, als *Hawkers Leiche* zu untersuchen. Nimm seinen **Elektronischen Schlüssel (blau)** und die **Pistole** an dich und vergiss danach nicht, seinen **Beschädigten PDA** vom Boden aufzuheben.

Anstatt dich überstürzt auf den Weg zu Paloma zu machen, gilt es allerdings noch ein paar Vorbereitungen zu treffen. Zu diesem Zweck begibst du dich nun in den auf der anderen Seite nahe der Holzkiste befindlichen Raum – Hawkers Privatgemach!

Schau dir zunächst einmal die *Pinwand* an, auf der du ein *Foto von David Karson* und *Hawkers Merkzettel* entdecken kannst. Dem Zettel nach zu urteilen hatte Hawker alles bis ins letzte Detail durchgeplant – angefangen bei der Nagelfeile im Schreibtisch in dem Zimmer der Braut des Todes, über die Fernbedienung auf der Dachterrasse, mit der du Curtis in die Falle gelockt hast, bis hin zur Tatsache, dass du

den C-4-Sprengstoff finden und dir damit den Zugang zum Elektrischen Stuhl im letzten Bunkerabschnitt freisprengen würdest. Wenn du dir den Zettel genau durchliest, sollte dir auffallen, dass dort noch zwei Punkte offen stehen – doch dazu kommen wir später.

Nimm dir nun das **Verbindungskabel** vom Schreibtisch und kombiniere es im Inventar mit dem *Beschädigten PDA,* um so einen **PDA mit Kabel** zu erhalten. Solltest du bereits einen Schlossknacker im Gepäck haben, kannst du **Hawkers Schlossknacker** getrost auf dem Schreibtisch liegen lassen. Falls nicht, nimmst du ihn nun an dich und holst dir dann den **Kupferstreifen** aus dem unter dem Bett herumstehenden **Werkzeugkoffer**. Steck den **Kupferstreifen** nun in **Hawkers Schlossknacker** und bastel dir daraus einen funktionstüchtigen **Schlossknacker**.

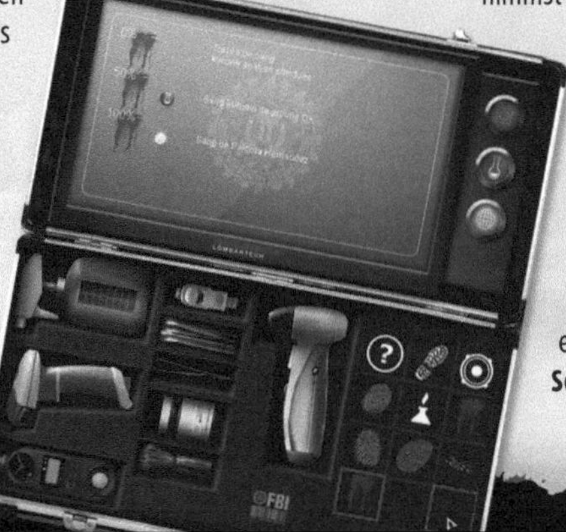

Nachdem du nun einen einsatzbereiten *Schlossknacker* besitzt, kannst du mit diesem im Handumdrehen das Schloss der *Schreibtischschublade* knacken. Im Innern findest du neben einem zerrissenen *Foto von Vic und Hawker* auch noch einen *Metallschneider*.

Ist dies erledigt, wendest du dich noch einmal dem unter dem Bett befindlichen *Werkzeugkoffer* zu und nimmst die **Isolierte Drahtschere**, den **Satz Krokodilklemmen** und die **Elektrische Kabelspule** heraus.

Jetzt besitzt du alles, was du zu Palomas Rettung benötigst. Bevor du versuchst in den Raum mit dem Elektrischen Stuhl vorzudringen, solltest du aber besser noch ein bisschen Bastelarbeit leisten. Da dein Inventar momentan recht voll ist, begibst du dich wieder in den Vorraum der Folterkammer und legst den Schlossknacker und den PDA mit Kabel vorübergehend im *Schrank* ab.

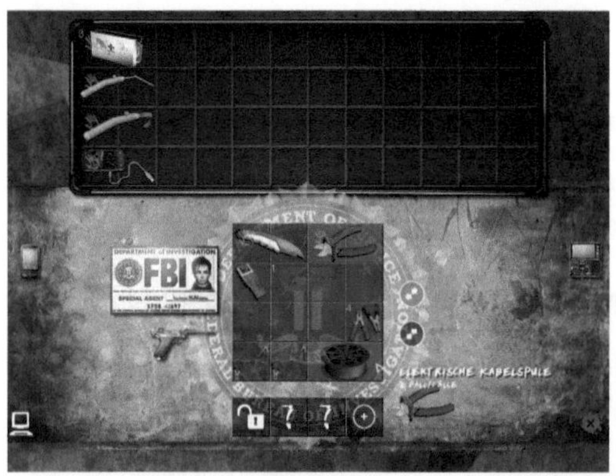

Mithilfe der *Isolierten Drahtschere* beginnst du nun damit, aus der *Elektrischen Kabelspule* ein **Stück Elektrokabel** abzuschneiden, welches du dann mit einem *Satz Krokodilklemmen* verbindest, um so ein **Elektrokabel mit Klemme** zu erhalten. Wiederhole die-

sen Vorgang vier Mal, sodass sich am Ende deiner Arbeit insgesamt **4 Elektrokabel mit Klemme** in deinem Inventar befinden.

Vergiss nicht gegebenenfalls den Schlossknacker und den PDA mit Kabel wieder aus dem Schrank zu nehmen, bevor du dich in den Tankraum begibst, um Palomas Rettungsaktion zu starten.

Palomas Rettung

Nachdem du nun alle Vorbereitungen getroffen hast, begibst du dich zu der neben dem Eingang zum Tankraum befindlichen *Sicherheitstür* der Hinrichtungskammer. Wie du feststellst, ist diese fest verschlossen. Schau dir das links daneben befindliche *Elektronische Schloss* an und entriegel die Tür mithilfe von Hawkers *Elektronischem Schlüssel (blau)*.

Du hast nur eine einzige Chance!

Sobald du die Hinrichtungskammer betrittst, gibt es kein Zurück mehr. Danach muss alles blitzschnell gehen. Jede Sekunde zählt. Versichere dich also noch einmal, ob du auch wirklich alle Vorbereitungen getroffen hast! Hawker hatte es dir zuvor schon einmal angekündigt ... und wie du bald feststellen wirst, wird er auch diesmal Recht behalten: "Du hast nur eine einzige Chance!"

Wenn du dachtest, du könntest jetzt einfach in die Hinrichtungskammer marschieren, Paloma vom Elektrischen Stuhl losbinden und freudestrahlend in die Freiheit spazieren, dann hast du dich gewaltig getäuscht. Sobald du die Hinrichtungskammer betrittst, erscheint auf dem über dem Elektrischen Stuhl montierten Monitor auch schon eine Videoaufzeichnung von Hawker, der dir nun erklärt, dass selbst sein eigener Tod als Option in sein Spiel eingeplant war und dass er sich natürlich auch auf diesen Fall gut vorbereitet hat.

Nachdem die Videoaufzeichnung beendet ist, beginnt auch schon die Uhr zu ticken. Dir bleiben lediglich ca. 5 Minuten, um Paloma aus dem Elektrischen Stuhl zu befreien. Wie Hawker schon sagte: *"Es gibt keine zweite Chance!"*. Schaffst du es nicht, wird die schöne Reporterin auf dem Elektrischen Stuhl gegrillt und das Spiel nimmt unwiderruflich ein TRAURIGES ENDE!!!

Also los! Worauf wartest du noch? Der Timer läuft bereits! Nimm also die Beine in die Hand und sieh zu, dass du Paloma schnellstmöglich aus ihrer misslichen Lage befreist! Wie? Nun ja, im Endeffekt stehen dir zwei Möglichkeiten zur Auswahl. Für welche du dich entscheidest, bleibt dir überlassen:

VARIANTE 1: BLOCKIERUNG DES ELEKTRISCHEN DIMMERS

Die erste Möglichkeit Paloma zu retten besteht darin, den Dimmer für die Stromstärkeregulierung des Elektrischen Stuhls außer Kraft zu setzen. An der links vom Elektrischen Stuhl gelegenen Wand kannst du auf dem Boden einen metallenen *Kasten* entdecken. Betrachte ihn und visiere den Kasten danach mit deiner Pistole an. Mit einem gezielten Schuss kannst du nun das Schloss des Kastens zerstören und den darunter verborgenen Dimmer des Elektrischen Stuhls freilegen.

Ist dies erledigt, greifst du zum *Metallschneider* und schneidest damit ein Stück *Isolierschaum* aus dem *Deckel des Kastens*. Nachdem du die *Schaumisolierung* in deinem Inventar verstaut hast, nimmst du sie wieder zur Hand und platzierst sie im zuvor freigelegten *Dimmer* des Elektrischen Stuhls, um diesen somit zu blockieren und zu verhindern, dass die Stromstärke weiter beim Lösen von Palomas Fesseln automatisch Schritt für Schritt nach oben reguliert wird.

Ist dies erledigt, ist die Gefahr aber noch nicht gebannt. Läuft der Timer ab, wird Paloma mit einem Stromstoß aus der am Kopfteil vom Stuhl befindlichen Haube mit einem Schlag getötet. Immerhin kannst du nun aber ungefährdet *Palomas Fesseln* mithilfe des *Schlossknackers* öffnen - zunächst die beiden Armfesseln und dann die Füße. *Puh* ... geschafft ... Paloma ist gerettet!

Palomas Fesseln

Versuchst du Palomas Fesseln zu öffnen, bevor du den Dimmer blockiert oder die Klemmen an den Fesseln montiert hast, wird Paloma mit einem heftigen Stromschlag aus der Haube des Stuhls bestraft. Der Dimmer wird dabei mit jeder gelösten Fessel Schritt für Schritt weiter nach oben reguliert. Nachdem du drei Fesseln geöffnet hast, wird der folgende Stromstoß so stark, dass er Paloma mit einem Schlag tötet. In diesem Fall bleibt dir nichts Anderes übrig, als dir das TRAURIGE ENDE dieses Spiels anzuschauen!

VARIANTE 2: PALOMAS FESSELN ÜBERBRÜCKEN

Die zweite Möglichkeit Paloma zu retten besteht darin, die an den Fesseln des Elektrischen Stuhls angelegte Spannung geschickt zu überbrücken, sodass diese auch dann aufrechterhalten bleibt, wenn du die Fesseln öffnest – die Bestrafung und das automatische Heraufsetzen der Stromstärke über den Dimmer entfällt in diesem Fall. Hast du dir aus dem Elektrokabel und den Krokodilklemmen bereits vier **Klemmen mit Elektrokabel** gebastelt? Gut! Falls nicht, musst du dich nun gehörig sputen und beten, dass dir dazu nicht nur genug Zeit, sondern vor allem auch genug Platz im Inventar zur Verfügung steht. Zur Not lassen sich überflüssige Gegenstände auch jetzt noch im Schrank verstauen – dass du dies innerhalb des engen Zeitrahmens schaffst, ist aber zu bezweifeln!

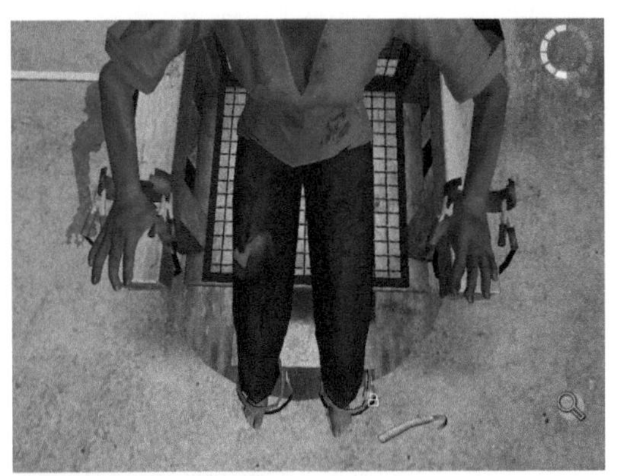

Nimm die erste deiner **Klemmen mit Elektrokabel** zur Hand und befestige sie an **Palomas linker Armfessel**. Danach setzt du die Arbeit fort und überbrückst mithilfe der restlichen **Klemmen mit Elektrokabel** auch die Stromspannung von **Palomas anderer Arm- und den beiden Beinfesseln**.

Jetzt kannst du **Palomas Fesseln** der Reihe nach mithilfe des **Schlossknackers** öffnen und die hübsche Reporterin somit aus dem Elektrischen Stuhl befreien.

Ein unwiderruflich TRAURIGES ENDE?

Hast du es nicht geschafft Paloma zu retten, bevor diese auf dem Elektrischen Stuhl gegrillt wurde? Dann bleibt dir nichts Anderes übrig, als dich zurückzulehnen und dir das TRAURIGE ENDE des Spiels anzuschauen!

Dabei hilft es dir auch nichts, einen neuen Spielstand zu laden und dein Glück aufs Neue zu versuchen. Hawker hatte dich gewarnt – die Sache mit der einzigen Chance war todernst gemeint! Selbst bei einem frisch geladenen Spielstand wird von nun an umgehend Palomas Hinrichtung eingeleitet, sobald du die Hinrichtungskammer betrittst! Aber ist dieser Zustand wirklich unwiderruflich? Nein! Nach Palomas Tod erscheint im Hauptmenü des Spiels ein rotes ?. Klickst du es an, wirst du aufgefordert ein Codewort einzugeben, mit dem sich das Spiel wieder freischalten lässt.

Um das Rätsel zu lösen, solltest du dir die anstelle von Seitenzahlen ins Handbuch des Spiels eingetragenen Buchstaben etwas genauer anschauen. Wenn du sie der reihe nach liest, ergeben sie den Namen der Lieblingsschauspielerin des Killers. Nachdem du diesen eingegeben hast, erhältst du eine neu Chance, kannst den letzten Spielstand laden und dein Glück aufs Neue versuchen. Der Code lautet: veronicalake.

Happy End?

Du hast gedacht, nach Palomas Befreiung könntest du dich nun entspannt zurücklehnen und den Abspann des Spiels genießen? Tja, das wird wohl nichts! Hawker hatte sich natürlich auch auf diese Variante vorbereitet. Das Spiel ist also noch längst nicht vorbei – ein Blick auf den hinter dem Elektrischen Stuhl befindlichen Count-down macht klar, dass die Bombe, von der in Hawkers Merkliste die Rede war, bereits angefangen hat zu ticken! Nachdem du Paloma aus dem Elektrischen Stuhl befreit hast, bleiben dir nur ca. 6 Minuten, um die Bombe zu finden und diese zu entschärfen, bevor sie detoniert und der Bunker samt Paloma und Vic in die Luft fliegt! Da die Bunkerluken und Türen allesamt verriegelt wurden, brauchst du über eine einfache Flucht erst gar nicht weiter nachzudenken!

Solltest du dir den direkt neben dem Ventilator des Tankraums befindlichen Sicherungsschrank bereits angeschaut haben, müsstest du bereits wissen, dass dieser mit einem elektronischen Sicherheitsschloss gesichert wurde. Genau in diesem Schrank befindet sich die tickende Bombe. Da die Zeit knapp ist und sich der Schrank nicht ohne Weiteres öffnen lässt, sparst du dir den Weg dorthin und kümmerst dich erst einmal um wichtigere Dinge!

Während sich Paloma an den Computer der Hinrichtungskammer setzt und verzweifelt versucht die Sicherheitsluken des Bunkers zu öffnen, nimmst du den links von der Sicherheitstür der Hinrichtungskammer befindlichen **Sicherungskasten** etwas genauer unter die Lupe. Öffne ihn und nimm **Hawkers Tastaturbox** an dich.

So ausgestattet RENNST du zurück zum Kontrollraum des Bunkers und schließt dort den **PDA mit Kabel** an den **Computer** an. Danach begibst du dich am **Monitor des Kontrollraum-PCs** ins **Menü: PDA-Daten**. Durch Eingabe des Kennworts **Nemesis** wird dir der Zugriff auf Hawkers PDA gewährt und du kannst dir die darin gespeicherte **Nemesis-Datei** anschauen. Neben Infos zu Hawker und seinen beiden Komplizen enthält sie einen wirklich interessanten Code – er lautet: **A64571**.

Mit diesem Wissen gehts in Windeseile zurück in den Tankraum. Begib dich zum nahe des Ventilators gelegenen **Sicherungsschrank** und platziere die **Tastatur** im dafür vorgesehenen Steckplatz des **Elektronischen Schlosses**. Nach Eingabe des Codes **A-6-4-5-7-1** und einem Klick auf O.K., lässt sich die Tür des Schrankes ohne Probleme öffnen.

Schau dir das Innenleben des **Sicherungsschrankes** an, um die **Bombe** ausfindig zu machen und öffne dann blitzschnell den **Deckel des kleinen Kastens** in der Mitte des Schrankes. Wenn du einen Blick auf die unten links befindliche **Stromstärke-Anzeige** wirfst, kannst du ablesen, dass der Bombenauslöser momentan mit **24 mA** versorgt wird. Jetzt wird es spannend. Um die Bombe zu entschärfen, musst du ein paar der Kabel durchtrennen – die Frage ist nur ... welche? Durchtrennst du die Falschen, geht die Bombe erbarmungslos in die Luft!

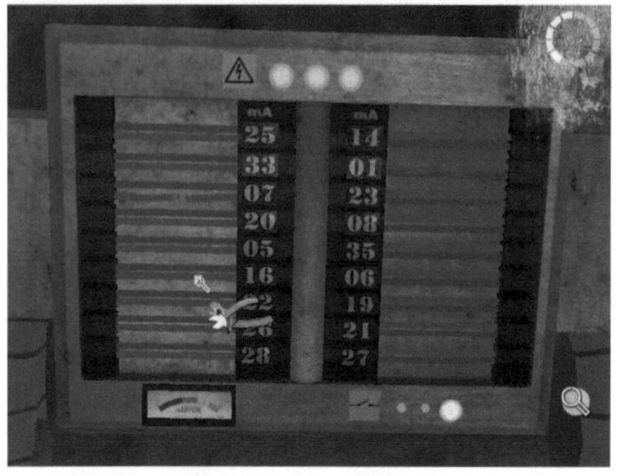

Um die Bombe unschädlich zu machen, gilt es, die Stromstärke in drei Schritten um exakt 24 mA zu senken. Durchtrenn also mithilfe der *Isolierten Drahtschere* die Kabel mit den Aufschriften *1 mA*, *7 mA* und *16 mA*. Ist dies erledigt, erlöschen endlich die *3 Leuchtdioden* am unteren rechten Teil des Kastens, der Timer wird angehalten und du kannst endlich erleichtert aufatmen ... *puh*!

Während Vic und Paloma nun gemeinsam durch die Fluchtluke des Bunkers in die Freiheit klettern, lehnst du dich entspannt zurück und genießt den Abspann zum HAPPY END des Spiels!

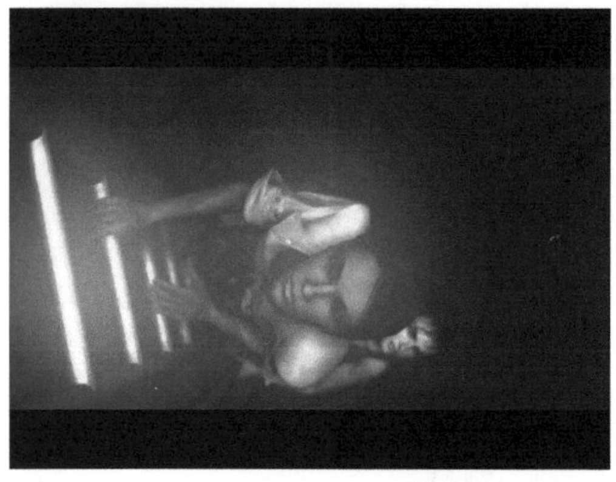

Ob das Ende nach all den Geschehnissen der letzten Tage wirklich als glücklich bezeichnet werden kann? Wohl kaum! Aber du kannst dir getrost auf die Schulter klopfen, denn DU hast das Abenteuer schlussendlich auf die bestmögliche Weise gemeistert – HERZLICHEN GLÜCKWUNSCH!